FENG SHUI

El arte chino para armonizar tu vida

EDICIONES OBELISCO

Si este libro le ha interesado y desea que le mantengamos informado de nuestras publicaciones, escríbanos indicándonos qué temas son de su interés (Astrología, Autoayuda, Ciencias Ocultas, Artes Marciales, Naturismo, Espiritualidad, Tradición...) y gustosamente le complaceremos.

Puede consultar nuestro catálogo en www.edicionesobelisco.com

Colección Libros Singulares
FENG SHUI

1.ª edición: abril de 2010

Maquetación: *Marta Rovira*
Diseño de cubierta: *Enrique Iborra*
Fotografías: Xavier Berdala y Agencias fotográficas
(Digital Stock, PhotoDisc, Corbis, DigitalVision,
PhotoAlto, Quickimage y Fotolia)

Edita: Ediciones Obelisco S. L.
Pere IV, 78 (Edif. Pedro IV) 3.ª planta, 5.ª puerta
08005 Barcelona - España
Tel. 93 309 85 25 - Fax 93 309 85 23
e-mail: info@edicionesobelisco.com

Paracas, 59 C1275AFA Buenos Aires - Argentina
Tel. (541-14) 305 06 33 - Fax: (541-14) 304 78 20

ISBN: 978-84-9777-628-8

Este libro fue publicado en el año 2002 coo monográfico de la revista Vital.

Presentación

El Feng Shui llegó hace ya cierto número de años a Occidente y su difusión ha sido, y continúa siendo, extraordinaria. Sin embargo, Occidente ha hecho su propia lectura de los principios del Feng Shui, que a veces ha sido una lectura superficial que ha simplificado este arte milenario hasta convertirlo en un mero interiorismo minimalista con ciertos toques de orientalismo. Sin duda, algunas de las grandes casas comerciales se han beneficiado de ello. Hoy, a pesar de las muchas publicaciones dedicadas al tema existe aún una gran confusión tanto teórica como práctica acerca del Feng Shui.

Ante esta realidad el presente libro expone con sencillez pero en profundidad los principios y los fundamentos tanto teóricos como históricos del Feng Shui. Aunque el Feng Shui no es un mero conocimiento teórico (ni en sus orígenes históricos ni en su corpus teórico), ya que sus principios buscan como finalidad última favorecer tanto como sea posible la interrelación armoniosa del ser humano con su entorno.

¿Que podemos hacer para incorporar de modo fácil y práctico el Feng Shui a nuestro entorno? Ésta es la pregunta clave a la que responde este libro y también por este motivo se han incluido no sólo los principios teóricos del Feng Shui sino además las preguntas clave que debemos plantearnos para examinar nuestro hogar y hacer que en nuestro entorno hogareño se respire un aire de calidez, armonía y equilibrio.

En la primera parte se responde a una pregunta esencial: ¿qué es el Feng Shui?, para pasar luego a exponer unas breves nociones acerca de sus orígenes históricos en la antigua China, las diversas escuelas como la escuela de la Brújula y la escuela de la Forma, surgidas a partir de la interpretación de los trigramas o, incluso, las últimas tendencias y escuelas aparecidas ya en el siglo XX en Occidente. Esta primera visión se completa con una exposición teórica básica de los principios Feng Shui: el Ch'i, el sha o energía negativa y el ba-gua.

Con los principios bien asimilados, podremos pasar ya a la correcta aplicación práctica: primero se trata de «despejar» el hogar de los posibles obstáculos para favorecer el libre fluir de la energía, y luego aplicar medidas prácticas y concretas para lograr el equilibrio y la armonía en todas las estancias de la casa, revisando su

orientación, la colocación de los muebles, los elementos decorativos propios del Feng Shui, los colores apropiados, etc. y todo ello aplicado de modo particular a cada estancia atendiendo a sus funciones y peculiaridades según se trate de la cocina, el salón, cuarto de baño o dormitorio. A ello, claro está, deberá sumarse también el estudio del Feng Shui aplicado al lugar de trabajo o al jardín. A modo de epílogo se cierra este monográfico con el texto «Tras las huellas de la armonía» una interesante reflexión que será de gran ayuda para profundizar en el milenario arte del Feng Shui.

En definitiva el propósito de todo ello es, ni más ni menos, que favorecer la armonía personal tanto física como psíquica de cuantos habitan la casa o simplemente se encuentran en ella de paso para ser más felices, y ayudar a cuantos nos rodean a ser también un poco más felices. ¡Ojalá lo hayamos conseguido!

Ninguna de las personas que habitan en Occidente en esta época de presiones permanentes y constante desequilibrio, debería pasar por alto las recomendaciones de este arte, cuyas sencillas «recetas» y «remedios» tanto pueden hacer por nuestra felicidad.

parte I

Historia del Feng Shui

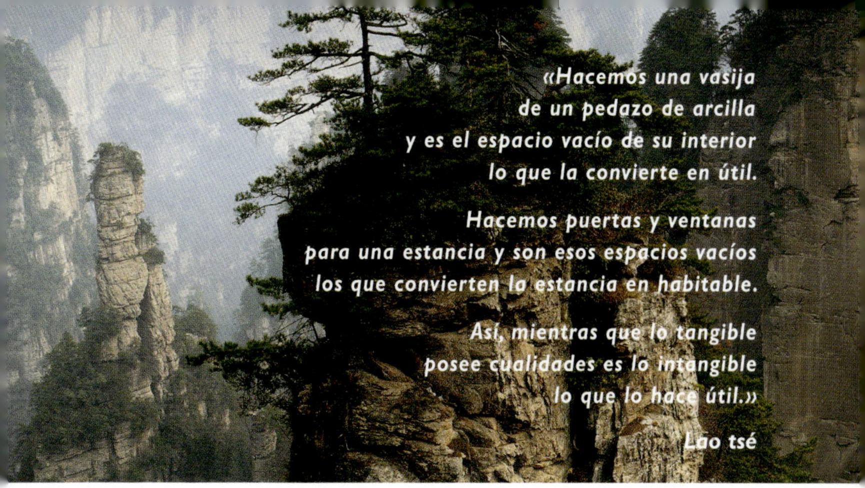

«Hacemos una vasija
de un pedazo de arcilla
y es el espacio vacío de su interior
lo que la convierte en útil.
Hacemos puertas y ventanas
para una estancia y son esos espacios vacíos
los que convierten la estancia en habitable.
Así, mientras que lo tangible
posee cualidades es lo intangible
lo que lo hace útil.»
Lao tsé

¿Qué es el Feng Shui?

Literalmente Feng significa «viento» y Shui, «agua» esto es, dos poderosas fuerzas de la naturaleza que interactúan para crear montañas, valles y cursos de agua con unas determinadas formas y orientaciones. Todo ello da lugar a líneas de energía, algunas positivas y otras negativas. Pues bien, el Feng Shui es una filosofía, una ciencia y un arte que nació y se desarrolló hace miles de años en Oriente, según la cual existe una unidad fundamental del universo y una interrelación entre todos y cada uno de los elementos que lo componen. Así pues, el Feng Shui se propone conseguir la armonía total entre el ser humano y el universo, trata del modo de adecuar nuestro entorno para vivir en equilibrio con él y poder así disfrutar de salud, felicidad y plenitud en todos los aspectos que atañen tanto a la esfera espiritual como a la esfera material de la vida.

Ante esta realidad el presente libro expone con sencillez pero en profundidad los principios y los fundamentos tanto teóricos como históricos del Feng Shui. Aunque el Feng Shui no es un mero conocimiento teórico (ni en sus orígenes históricos ni en su corpus teórico), ya que sus principios buscan como finalidad última favorecer tanto como sea posible la interrelación armoniosa del ser humano con su entorno.

Una forma de vida milenaria

Las primeras noticias que se tienen del Feng Shui proceden de la región montañosa situada al sudoeste de China. Según algunos autores, sus orígenes se remontan a 700 años atrás y se vinculan a la teoría del yin y el yang.

Se sabe que en la antigua China los habitantes de las orillas del río Amarillo tuvieron que luchar en no pocas ocasiones contra los malignos vientos (feng) y las descontroladas aguas (shui). Así pues, en un principio se trataba de localizar los lugares adecuados para edificar casas o poblados siendo el lugar propicio aquel donde el chi o energía vital podía fluir de modo favorable a la vida humana: lugares relativamente elevados para evitar sufrir inundaciones o lugares a resguardo de los fuertes vientos. Se trataba por lo tanto de estudiar los alrededores, escuchar atentamente los sonidos de la naturaleza, buscar el rastro del viento y del agua y el tipo de vegetación. Ello explica por qué en los inicios los poseedores de estos conocimientos de Feng Shui solían ser meteorólogos, astrónomos o científicos de otras especialidades sumamente respetados y cuidadosamente elegidos para preservar la buena fortuna y salud de la casa real.

Con el paso del tiempo, además de tratarse medidas de seguridad empezaron también a ocuparse de otros aspectos como la fertilidad, la fama o la fortuna; de este modo surgieron un conjunto de principios que debían ser aplicados con el fin de que la planificación urbana, el medio ambiente, la arquitectura y la decoración contribuyeran a la salud, la paz, armonía y bienestar de las personas.

Estos conocimientos del Feng Shui durante siglos fueron transmitidos celosa y secretamente de generación en generación, siempre de modo oral. Por este motivo nos han llegado muy pocos textos sobre este arte. Con todo, uno de los documentos más remotos son los registros históricos de la dinastía Han en los que se cita a Zhang Liang (230-185 a. C.) como erudito y practicante del arte del Feng Shui, entendido éste como el sistema dedicado a otorgar forma y ubicación adecuadas a las ciudades, casas y edificios.

Históricamente el Feng Shui se basa en el simbolismo del conocimiento chino que se encuentra sintetizado en dos grandes obras: el *I Ching* o *Libro de los Cambios,* un texto sagrado en el que se describen las normas básicas de la transformación de la energía y el *Tao,* el camino o la unidad formada por la incesante interacción del yin y el yang.

Diversidad de escuelas de Feng Shui

La gran variedad de escuelas de Feng Shui puede generar desconcierto y hasta alguna confusión en los que deseen iniciarse en esta filosofía, sobre todo cuando se topa con estilos diferentes de interpretación o con interpretaciones opuestas sobre un mismo aspecto. De ahí que, al querer investigar y profundizar acerca del Feng Shui, podría ser que uno llegara a sentir cierta desazón o incluso albergar la sospecha de que se le escapa el objetivo central, es decir, cómo aplicar el Feng Shui a la vida diaria y a las propias circunstancias y entorno: vivienda, lugar de trabajo y descanso, o el jardín que se cultiva.

La interpretación de los trigramas

Una de las causas o puntos de partida que favorecen esta diversidad de interpretaciones y, por lo tanto de escuelas dentro del Feng Shui

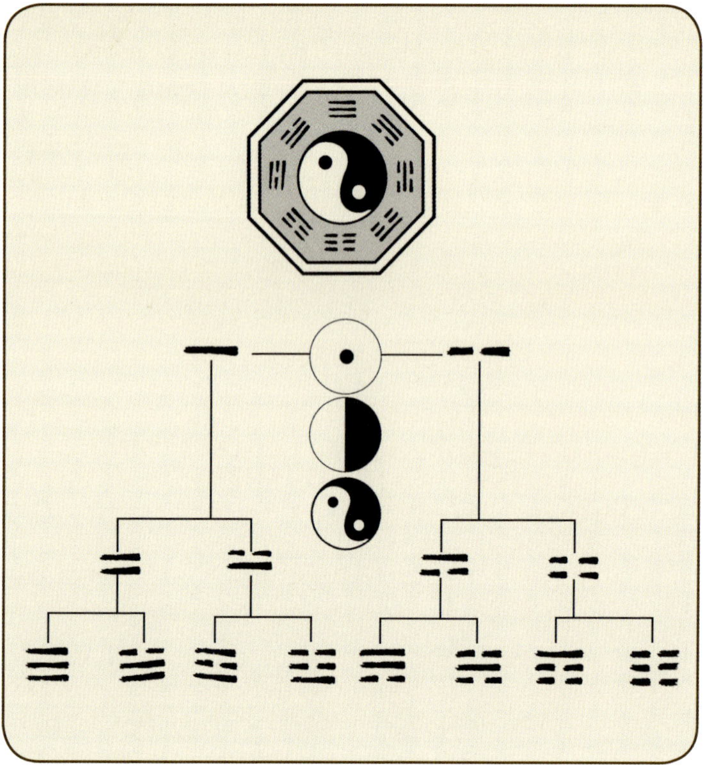

es la interpretación de los denominados trigramas: el libro más antiguo del mundo, el *I Ching* o *Libro de los Cambios*, es una pieza clave para comprender el Feng Shui, porque permite sentar los fundamentos de la teoría de pensamiento que se basa en la armonía de los opuestos –yin y yang– y, en definitiva, acerca a lo que podríamos llamar el orden del universo.

Sus postulados giran alrededor de trigramas que, como su nombre indica, expresan mediante tres líneas un mensaje sencillo pero a la vez profundo.

- ✓ **LÍNEA SUPERIOR:** representa y designa la influencia del cielo, es decir, en general, del universo y los planetas y se mueve de arriba abajo.

- ✓ **LÍNEA INFERIOR:** expresa la energía de nuestro planeta, la Tierra, nuestra casa y todos los aspectos que nos rodean, desde el paisaje hasta nuestra morada, pasando por los alimentos que consumimos a diario. Su movimiento es de abajo arriba, es decir, desde la tierra hacia el cielo.

- ✓ **LÍNEA CENTRAL O INTERMEDIA:** representa a los seres humanos y es la que permite o de la cual depende el cambio que propone el Feng Shui.

Algunas corrientes de pensamiento de esta filosofía ponen más énfasis en la influencia de una u otra línea de los trigramas y ello da lugar a una escuela u otra:

a) Si se toma como predominante la línea superior aparece la Escuela de la Brújula (o del compás) que hace hincapié en la influencia astrológica. Esta escuela pone el énfasis en la orientación y las direcciones que debe tener la casa y todo su interior.

b) Si la corriente da prioridad a la línea inferior, que corresponde a la influencia de la Tierra, la misma considera fundamental el desarrollo espacial del Feng Shui.

c) Si se toma como más importante la línea del centro, que corresponde a la vida humana y a sus aspectos intuitivos como la intencionalidad, la voluntad de cambio y otros elementos ligados a la energía de las personas, ésta supone una concepción global del Feng Shui. Se aplica, antes que como un cambio parcial de algún aspecto vital, como un método que se propone armonizar al ser humano con su entorno más inmediato. Es, por tanto, una concepción destinada a crear una armonía total entre el ser humano y el universo con el objetivo de que pueda disfrutar de una existencia más plena, saludable y feliz.

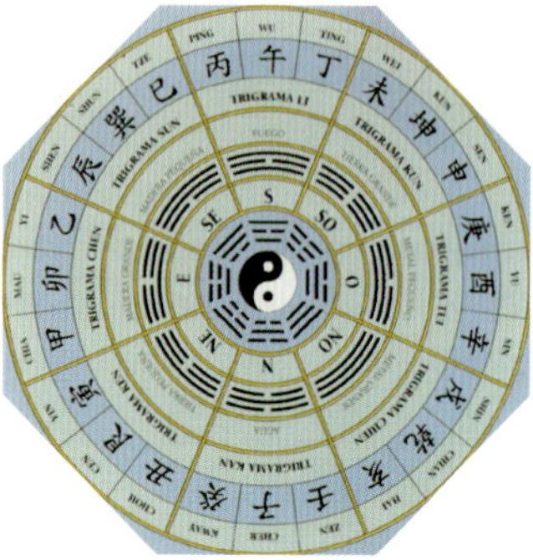

● El *Lo P'an* (brújula específica Feng Shui), determina la correcta orientación de un edificio. Sus círculos concéntricos contienen información sobre conjunciones de energía, movimientos planetarios, correspondencias magnéticas y el calendario chino.

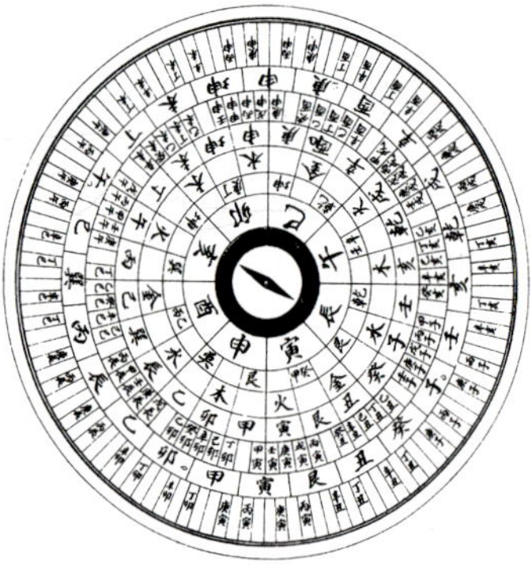

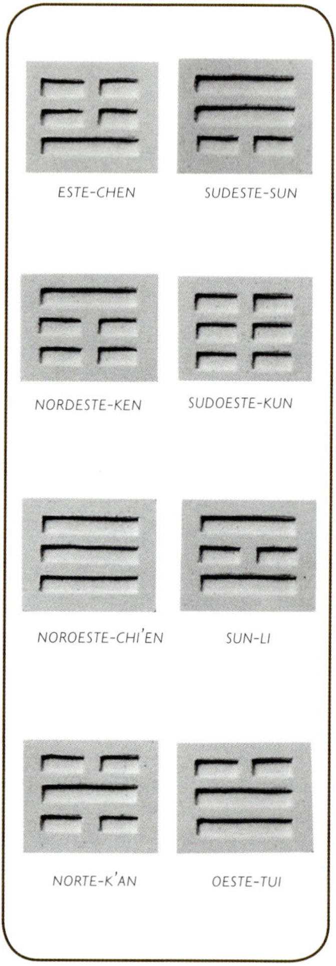

Escuela de la Forma

Los inicios más remotos del Feng Shui

La Escuela de la Forma o de la distribución fue iniciada en el siglo IX d. C. por Yang Yun-Sung, consejero del emperador. Quizá sea éste el antecedente más remoto del Feng Shui.

En los primeros tiempos, los maestros del arte de la colocación localizaban los sitios con mejores augurios para ubicar la tumba de una persona fallecida. El procedimiento era el siguiente: una vez que la familia determinaba una zona general, el maestro, con ayuda de un compás de adivino (luo-pan), señalaba el lugar perfecto entre cadenas de montañas, cerca de un río o en un valle donde los espíritus ancestrales estuviesen en armonía con el cielo y la tierra. En esa ubicación se construía la tumba y la familia veía incrementada su buena suerte por los efectos que el espíritu protegido irradiaba sobre las generaciones futuras. Bajo la influencia del *I Ching*, esta primera escuela se fue depurando con el paso de los años.

Escuela de la Brújula

El Feng Shui moderno

Durante la dinastía Song, los principios de la Escuela de la Forma fueron adaptados a las concepciones de Wang Chin (siglo XI d. C.), que es, hasta el momento, la aportación más significativa al material con que se trabaja en la Escuela de la Brújula. Esto también responde a una razón geográfica: la nueva escuela de Feng Shui se desarrolló en las llanuras del sudeste de China, donde, por las características del paisaje, resultaba dificultoso aplicar los métodos tradicionales que tomaban como puntos de referencia las zonas montañosas del sudoeste del país. Esta escuela se inspira en el uso de la brújula, la orientación, el calendario y las constelaciones.

Otras escuelas

Por otra parte, las divisiones realizadas por los países colonizadores en los últimos siglos y las conmociones políticas del pasado asiático también han contribuido a desarrollar variantes del concepto original que animaba la Escuela de la Forma.

Estrella Voladora y Cuatro Pilares

En Hong Kong, la confluencia de criterios de origen oriental y occidental dieron lugar a la aparición de una de las más asombrosas escuelas de Feng Shui del mundo. A tal punto que toda la arquitectura moderna de la ciudad está regida por los principios del Feng Shui. Es allí donde se practica y se enseña la naturaleza de dos de las corrientes de esta filosofía, basadas en la Brújula: las llamadas Estrella Voladora y Cuatro Pilares.

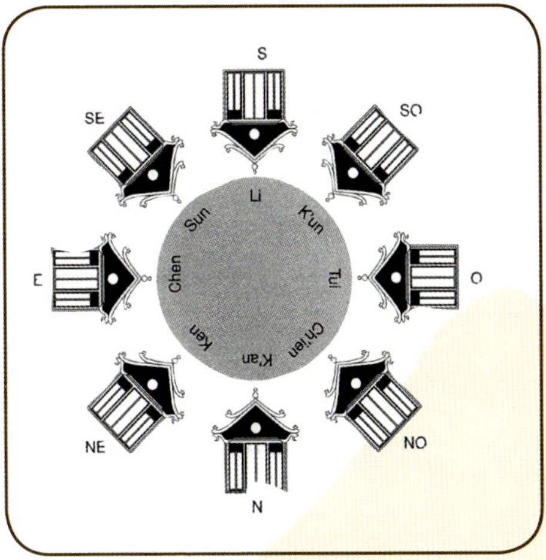

● En la escuela de la brújula los edificios se clasifican según la dirección a la que dé la puerta principal surgiendo así la Escuela de las Ocho Casas. En este gráfico aparecen las Ocho direcciones que se conocen con los nombres de sus trigramas respectivos. La orientación ideal es la del Sur de donde proviene la luz solar.

Escuela de las Ocho Casas

Por otra parte, exiliados de la China comunista llevaron y desarrollaron el Feng Shui a la isla de Taiwan, variante que se denomina la Escuela de las Ocho Casas. En Singapur y Malasia también se impulsaron escuelas locales pero, en el fondo, todas responden a los principios básicos de la Escuela de la Forma.

Tres elementos fundamentales: ch'i, sha y ba-gua

En el Feng Shui hay tres elementos fundamentales que deben tenerse en cuenta: el ch'i, el sha y el ba-gua:

- ✓ **CH'I:** la energía que da vida a todas las cosas. El ch'i siempre fluye de manera armoniosa, suave y ondulante.
- ✓ **SHA (OPUESTO DEL CH'I):** es la misma energía pero en sentido adverso. A diferencia del ch'i, el sha fluye a través de líneas rectas y ángulos agudos, siempre con carácter rígido.
- ✓ **BA-GUA O MÉTODO:** el ba-gua es un patrón que rige las asociaciones simbólicas.

Según el Feng Shui, la vida no es un conjunto casual de acontecimientos, sino un todo unificado y animado por el patrón de la energía del mundo, invisible a la percepción, tal como expresa sabiamente el *I Ching*.

Para quienes no estén familiarizados con la filosofía oriental, estos conceptos que se han descrito de manera simplificada, aunque luego se volverá con más detalle sobre ellos, hunden sus raíces –precisamente– en la concepción del yin y el yang. El símbolo gráfico con el que se representa el yin y el yang acaso sea el elemento más expresivo para comprender su significado. Es un círculo separado en dos mitades por una espiral y, en cada una de sus partes, el círculo contiene otro más pequeño. Cada área es de un color, y el pequeño círculo encerrado en la misma es del mismo color que la mitad opuesta.

El círculo es la gran unidad de todos los fenómenos. Los dos colores con que se pinta cada área representan, respectivamente, la luz y la sombra, por eso habitualmente se presenta el símbolo en blanco y en gris oscuro. La línea que los separa es el flujo de energía que siempre circula en espiral.

El pequeño círculo de sombra dentro de la luz y el de luz en la zona de sombra, señalan que cada uno de los elementos contiene algo del otro. El área yin debe contener un poco de yang y viceversa. Son fuerzas complementarias y antagónicas que coexisten y están contenidas en el mismo espacio que el elemento predominante.

Acaso el concepto occidental más cercano a éste sea el de la unidad de los contrarios que propone la dialéctica. Es similar también a los dos polos de un campo electromagnético, en el que tanto el positivo como el negativo tienen sus propias cualidades.

La fuerza yin representa el polo negativo, tiene una cualidad receptiva, empática y pasiva. Es la sombra, la noche, la luna, «lo femenino». Su fuerza se origina en la tierra y se desplaza hacia arriba y hacia afuera. Todo lo que crece y todo lo que se mueve hacia arriba es yin. Los colores con que se lo identifica son el verde, el azul y el gris.

La energía yang representa el polo positivo, impulsivo y activo. Corresponde a la luz, al día, al Sol y también a «lo masculino». A diferencia del yin, su fuerza parte del cielo y emite empujando hacia abajo. La energía que desciende del cielo –siempre en espiral– se concentra, se acelera y conduce al desarrollo de estructuras más concentradas y duras. Se lo identifica con los colores rojo, amarillo, púrpura y naranja.

La permanente movilidad de la energía que adquiere diversas formas –ascendente, rotativa, de con tracción, descendente y expansiva– se conoce como la Teoría de los Cinco Elementos. Éstos son el fuego, la tierra, el metal, el agua y la madera, que van mutando y transformándose unos en otros en un ciclo de creación y destrucción que se renueva infinitamente.

Estos ciclos de la energía son una de las herramientas fundamentales del trabajo de los maestros del Feng Shui, porque en la dinámica energética de los elementos, cada uno debe estar equilibrado con su opuesto.

Algunos atributos del yin y del yang

YIN	YANG
Cero	Uno
Nada	Todo
Luna	Sol
Curvo	Anguloso
Negativo	Positivo
Pasivo	Activo
Negro	Blanco
Infinitesimal	Infinito
Tierra	Cielo
Bajo	Alto
Blando	Duro
Subjetivo	Objetivo
Inconsciente	Consciente
Espiritual	Material
Electrón	Protón
Agua	Viento
Casa	Familia
Mujer	Hombre
Madre	Padre
Norte	Sur
Montaña	Agua

El experto Jon Sandifer caracteriza así a cada uno de los cinco elementos:

- ✓ **FUEGO:** la expresión ascendente y centrífuga de este elemento es, en la naturaleza, la febril actitud que caracteriza al mediodía o a los días de mediados de verano, cuando el mundo vegetal y animal alcanza su mayor momento de vitalidad. Esta energía se representa como la danza, la pasión y la capacidad de compartir.
- ✓ **TIERRA:** representa la energía de la tarde, el final del verano y el tiempo de la cosecha. Es un período callado y tranquilo. También simboliza la compasión, el sustento y la riqueza.
- ✓ **METAL:** representa la energía del atardecer y de las primeras horas de la noche, cuando comenzamos a concentrarnos en nuestra casa y en nuestra familia. En el ciclo anual, corresponde al invierno, que es la época del año en que se recolecta, se guarda y se acaban las tareas emprendidas. Se lo asocia a la absorción, la asimilación y la eliminación de lo innecesario.
- ✓ **AGUA:** representa el estado de flotación y reposo propios del invierno y de la noche. Tiene un enorme potencial regenerador porque, por una parte, procura el reposo físico y mental y, por otra, favorece un espíritu de autorreflexión.
- ✓ **MADERA O ÁRBOL:** representa la iniciación y el amanecer. Es un elemento activo que aporta novedad y frescura al ciclo. Es la primavera, la juventud, la vitalidad, la energía, la inspiración y el entusiasmo.

La interacción constante de las fuerzas positiva y negativa da nacimiento a todo. El símbolo gráfico del yang es una línea continua y del yin, una discontinua. Sus combinaciones en grupos de tres generan los Ocho Trigramas básicos del *I Ching*.

Ésta es la clave para la comprensión del método del ba-gua, que se sustenta en la interpretación de trigramas. Cada uno de los mismos o cada lado del ba-gua representa una aspiración vital o un determinado tipo de suerte que a su vez se relaciona con diferentes sectores de una vivienda, llamadas zonas ba-gua. De modo que los trigramas determinan la ubicación espacial.

Características de los cinco elementos

ELEMENTO	NATURALEZA	HORA	ESTACIÓN	TIEMPO	ÓRGANOS	EMOCIONES
FUEGO	Hacia arriba Hacia fuera Floreciente	Mediodía	Verano	Caluroso	Corazón Intestino delgado	Cálida Apasionada
TIERRA	Hacia abajo Creciente Terrestre	Tarde	Final verano	Húmedo	Bazo Páncreas Estómago	Analítica
METAL	Hacia dentro Consolidante	Atardecer	Otoño	Seco	Pulmones Colon	Positiva Entusiasta
AGUA	Flotante Durmiente	Noche	Invierno	Frío	Riñón Vejiga Sistema reprod.	Confiada
MADERA/ ÁRBOL	Hacia arriba Nacimiento	Amanecer	Primavera	Ventoso Cambiante	Hígado Vesícula biliar	Ocurrente

El CH'I, energía vital o «aliento cósmico»

El ch'i es la energía vital, generadora de todas las cosas. Su significado literal en chino es «aliento cósmico» y se la asocia al aliento de la legendaria figura del dragón, al que se atribuye la fuerza electromagnética de la tierra. Este concepto está presente en toda la filosofía oriental; en Japón se denomina a esta energía *ki* y en la India, *prana*. La misma fluye en armonía y con un movimiento suave y ondulatorio.

Si la distribución de una vivienda es armoniosa, el ch'i penetra por la entrada principal de la misma y circula por su interior de forma suave sin estancarse en ningún sitio. La luz, el color y la actividad atraen esta energía positiva.

El ch'i no sólo está presente en todas las cosas, sino también en el interior de las personas, en su estado de ánimo, sentimientos o dolencias. El malhumor que se experimenta un día determinado, o la sensación de alegría que provoca una buena noticia, no se pueden percibir a través de instrumentos científicos como un microscopio o medirse con una vara; sin embargo, son reales e influyen en el desarrollo positivo o negativo de los acontecimientos de la vida.

En las variaciones climáticas y en el modo como nos afectan también influyen el ch'i y el sha, tanto exterior como interiormente.

Asimismo en la alimentación está presente el ch'i, y no sólo en la energía que contiene cada alimento sino en la que absorbe durante el proceso de preparación o presentación. Los alimentos preparados industrialmente pueden ser desde el punto de vista energético y sanitario correctos, pero en su esencia el ch'i puede estar ausente. Mientras que los alimentos preparados con dedicación y esmero contienen y entregan a quien los consume un ch'i poderoso y revitalizante.

El SHA o la energía negativa y contraria

Si el ch'i circula en línea recta, con rapidez y se topa con ángulos, se transforma en sha, que es la energía contraria. Ésta es dañina y tiene un efecto adverso sobre la felicidad y el bienestar y aleja la buena fortuna. Por eso el Feng Shui considera importante neutralizarla.

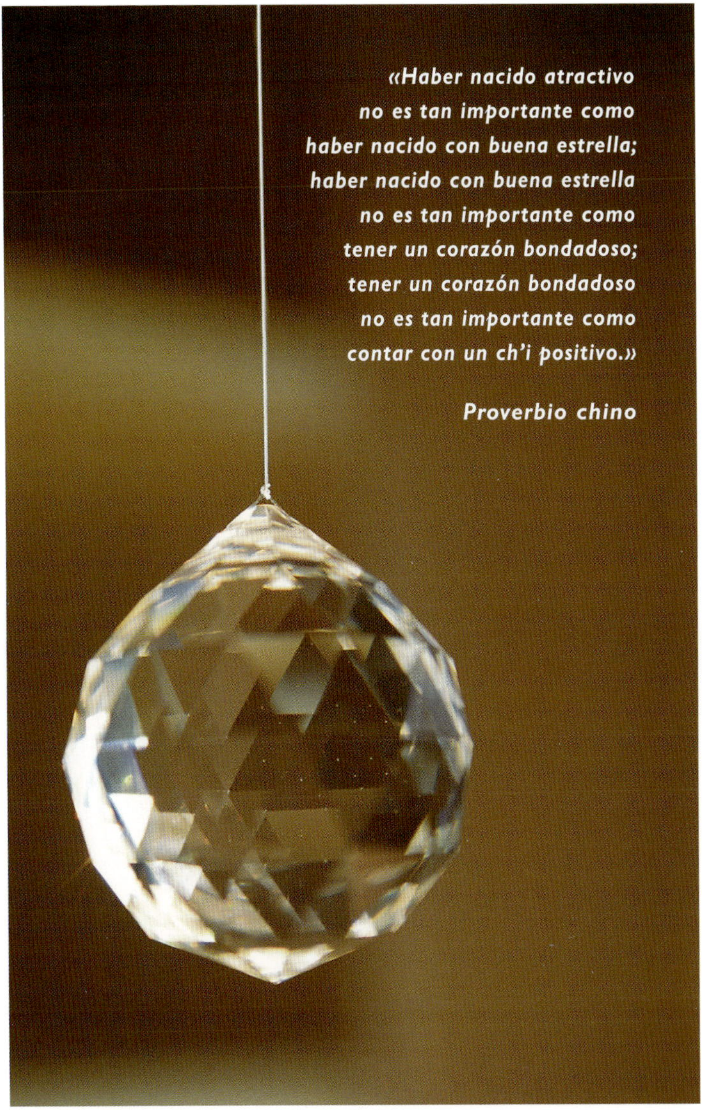
«Haber nacido atractivo
no es tan importante como
haber nacido con buena estrella;
haber nacido con buena estrella
no es tan importante como
tener un corazón bondadoso;
tener un corazón bondadoso
no es tan importante como
contar con un ch'i positivo.»
Proverbio chino

Las rectas son vehículos de mala suerte y adversidad; pueden atraer todo tipo de desastres, incluyendo la muerte. Al máximo grado de adversidad que puede crear el sha se lo denomina «flecha secreta» y está constituido por las esquinas de los edificios y las calles encaradas frente a una vivienda o edificio que, al girar, forman ángulos agudos y cortantes.

En el interior de una casa, la energía negativa puede generarse si hay dos ventanas enfrentadas, ángulos en un pasillo central, entre dos puertas, en una escalera situada frente a una puerta o en las esquinas y pilares salientes.

Una manera eficaz de neutralizarla es utilizar alguno de los «remedios» que recomienda el Feng Shui para desviarla, como por ejemplo, espejos; también puede dispersarse el sha con verjas altas, cortinas, biombos o setos vegetales ondulantes que muevan esa energía negativa modificando su dirección recta y su movimiento rápido. De modo que una misma energía puede tener un signo u otro, según sea su forma de moverse o avanzar.

En nuestro entorno habitual, las líneas rectas de las vías del ferrocarril, de las carreteras, de las fallas geográficas, de las cañadas, los tendidos eléctricos, telefónicos y telegráficos, columnas, farolas, etc., generan sha.

Ba-gua o Método del ba-gua

Otro concepto básico del Feng Shui es el ba-gua o Método del ba-gua y sus aplicaciones prácticas. Ya hemos visto que los trigramas están compuestos cada uno de tres líneas. Pues bien, en el *I Ching*, dos trigramas dan lugar a un hexagrama (existen 64 hexagramas posibles o modelos básicos de la vida). El ba-gua es la figura octogonal procedente del *I Ching* cuyos ocho lados representan los trigramas y los ocho puntos cardinales. El ba-gua expresa de modo gráfico el mapa personal del momento.

Dos versiones del cuadrado mágico *Lo Shu* de los nueve números

Éstas fueron las marcas originales que, según la leyenda, fueron encontrados en el caparazón de la tortuga

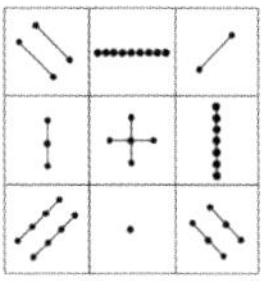

Norte	K'an	1
Este	Chen	3
Sur	Li	9
Oeste	Tui	7
Nordeste	Ken	8
Sudeste	Sun	4
Sudoeste	K'un	2
Noroeste	Ch'ien	6

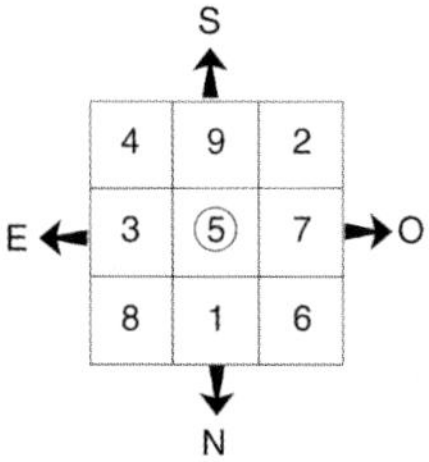

El mapa ba-gua se dibuja en el cuadrado de Fu Hsi subdividido en nueve partes, a cada una de las cuales se le asigna un número y la suma de todos los números, en cualquier sentido que se realice, produce siempre el mismo resultado: 15, símbolo mágico del poder en Oriente.

Cada uno de los nueve números corresponde a una energía invisible que tiene un significado específico. Estas energías están dentro de nuestro entorno inmediato –la casa que habitamos o el sitio de trabajo– y en nuestro marco de referencia más general, el paisaje que nos rodea. A su vez, cada una de las secciones, áreas o números del ba-gua se expresa con una determinada palabra y está vinculada a las áreas que comprenden las relaciones afectivas.

La zona central del mapa ba-gua, identificada con el número 5, por lo tanto, es la esencia de una persona, la clave de sus relaciones afectivas y el corazón de su casa.

El mapa ba-gua

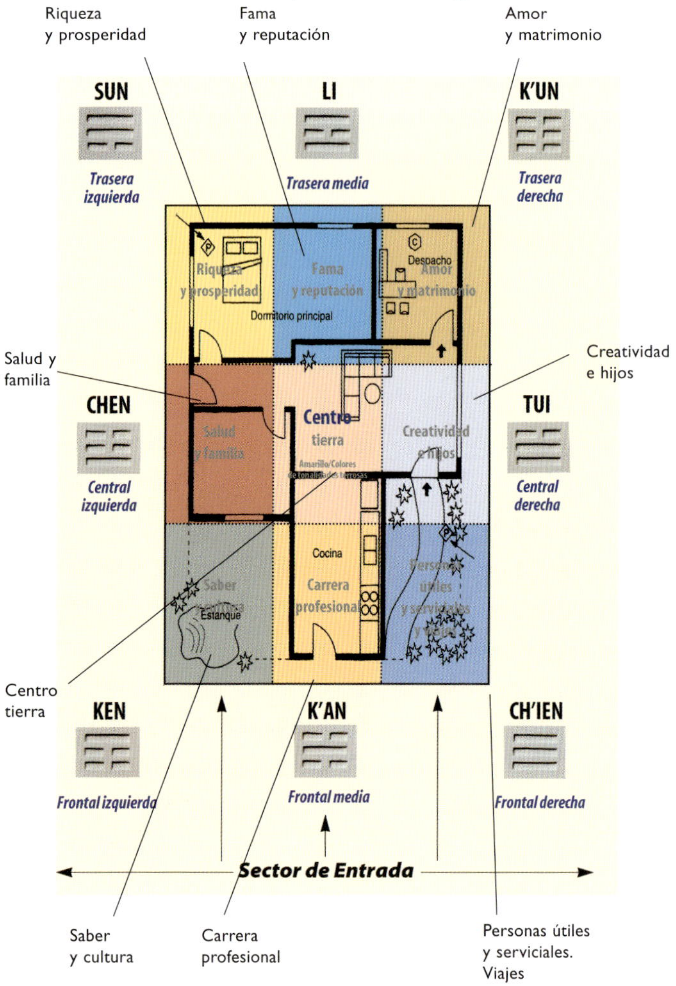
Riqueza
y prosperidad
Fama
y reputación
Amor
y matrimonio
SUN
Trasera izquierda
LI
Trasera media
K'UN
Trasera derecha
Riqueza
y prosperidad
Fama
y reputación
Despacho
Amor
y matrimonio
Dormitorio principal
Salud y
familia
Creatividad
e hijos
CHEN
Central izquierda
Salud
y familia
Centro
tierra
Amarillo/Colores
de tonalidades terrosas
Creatividad
e hijos
TUI
Central derecha
Saber
y cultura
Estanque
Cocina
Carrera
profesional
Personas
útiles
y serviciales
y viajes
Centro
tierra
KEN
Frontal izquierda
K'AN
Frontal media
CH'IEN
Frontal derecha
Sector de Entrada
Saber
y cultura
Carrera
profesional
Personas útiles
y serviciales.
Viajes

Según la experta Sarah Bartlett, cuando en una vivienda se crean nuevos espacios, se cambian las cosas de sitio, se incorporan nuevos objetos o se desechan los viejos, el espíritu de las personas experimenta los mismos cambios, aunque en niveles diferentes. «De esto –sostiene la experta– trata el Feng Shui, de la energía interior y exterior.»

Cómo trazar gráficamente mi propio ba-gua personal

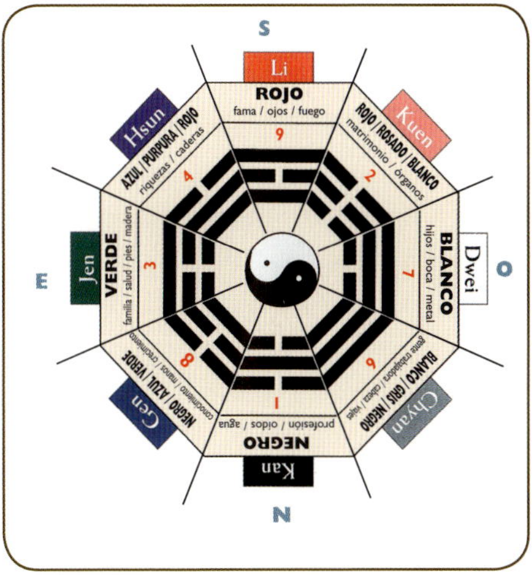

• El ba-gua es el símbolo octogonal del *I Ching* o *Libro de las mutaciones*. En sus lados están los ocho trigramas y las Ocho direcciones. Según el Método ba-gua cada dirección corresponde a una aspiración humana y de ahí que este método superpone el ba-gua en el plano de la casa para identificar cada habitación con una de esas aspiraciones.

La forma más sencilla de aplicar graficamente el método ba-gua es dibujar un octógono en el centro de un papel –es más cómodo hacerlo en papel transparente–; ése será el centro del ba-gua, que se identificará con el número 5. Desde cada uno de los ángulos de esta zona central del mapa o gráfico, deben proyectarse líneas en dirección al exterior del papel y numerarlas según el orden del ba-gua, de modo que los números 8, 1 y 6 queden situados en la parte inferior; 4, 9 y 2 en la superior, y 3 y 7 en los laterales.

En otro papel se dibuja el plano de la propia vivienda o habitación e incluso, si es posible, de las áreas vitales de una persona. Luego y, muy importante, es determinar cuál es la entrada principal, siendo ésta la que se abre a invitados y desconocidos; en definitiva, al mundo exterior, aunque no sea la que se utilice habitualmente. Dicha entrada es el punto clave para que la energía penetre en un espacio y el comienzo del viaje por el Feng Shui.

A continuación, se coloca el ba-gua encima del mapa de la vivienda o habitación (siempre será más fácil si el hábitat es más o menos cuadrado, pero si no lo es, hay que localizar el centro trazando dos líneas diagonales cruzadas), superponiéndolos y haciendo que el centro del ba-gua coincida con el punto central de la vivienda. La zona inferior indentificada con los números 8, 1 y 6, debe corresponderse con las partes aledañas a la puerta de entrada a la vivienda. Quizá sea necesario contraer o extender el ba-gua para adaptarlo a la forma de la casa que se esté analizando, pero una vez centrado, puede verse en qué áreas de la misma se encuentran las energías que determina el ba-gua.

Lo mismo puede hacerse con el lugar de trabajo, así como tomando por separado cada una de las habitaciones de una casa o el jardín.

Con este método, no sólo un maestro de Feng Shui, sino cualquier persona interesada, aun sin ser experta en el tema, puede determinar cuáles son las zonas de una casa que más energía acumulan o en qué puntos el ch'i se transforma en sha y, a partir de este conocimiento, iniciar el proceso de modificación o cura, para que la energía positiva contribuya al bienestar y no se vea afectada o entorpecida por influencias negativas.

Numerología ba-gua

5 Centro: energía de la vida.

4 Viento: armonía, felicidad, progreso. Esta área corresponde a la riqueza y la prosperidad.

9 Fuego: claridad, inspiración. Sintonía con los demás. Es el asiento de la fama y la reputación.

2 Tierra: receptividad, sentimientos, intuición. Se vincula al amor y el matrimonio.

7 Lago: amor creativo, sensualidad, estímulos. Es el área más cercana a los hijos.

6 Cielo: entrega y receptividad. Apoyo emocional, amistad. Es la zona de la utilidad y la capacidad de servicio a los demás. Se relaciona con los viajes.

1 Agua: inicios, nuevo romance, libertad, flujo. Sus vinculaciones más directas son el desarrollo y la vitalidad de la carrera profesional.

8 Montaña: conciencia de uno mismo y de los demás. Comunicación. Se asocia directamente con el saber y la cultura.

3 Trueno: familia, influencias externas, intromisiones, dificultades. La salud y la familia constituyen el eje de este trigrama.

parte II

Práctica del Feng Shui

«Qué bendición divina poder sacar el caos de nuestro interior y, a partir de él, crear cierta apariencia de orden.»

CATHERINE PATERSON

Despejar obstáculos

Uno de los conceptos fundamentales del Feng Shui es que el Ch'i, la energía vitalizante, circule libremente por nuestra vida y a nuestro alrededor, sin atascos y sin influencias negativas que lo transformen en sha.

Por ejemplo, si nuestra casa está repleta de objetos y muebles y en desorden, es normal que el Ch'i no circule fluidamente por ella. De ahí que los aspectos de orden y desorden tengan mucha importancia en el desarrollo del Feng Shui.

Nuestro cuerpo también padece atascos de energía, que muchas veces impiden que nuestro desarrollo vital sea armonioso. Expresión común de ello suele ser que, después de una comida copiosa, cuando lo que se necesitaría es una buena siesta, lo que en realidad se intenta es la realización de un trabajo creativo o para el que se requiera una firme voluntad. Lo mismo ocurre con la ingestión de alcohol, si una noche se han tomado demasiadas copas. A la mañana siguiente, la resaca impide abordar cualquier cuestión. Igualmente, si se ha fumado durante veinte años, los pulmones están atascados por la nicotina, lo que impedirá, entre otras cosas, poder acompañar a un grupo de jóvenes de paseo por la montaña o disfrutar del placer de la natación o del deporte.

La gran mayoría de las personas no es consciente de cuánto le afecta el desorden, que promueve el cansancio y el letargo porque es energía estancada.

La experta en Feng Shui Karen Kingston sostiene que «despejar el desorden libera la energía en el hogar y envía vitalidad al cuerpo. Por otra parte, cuando todo el espacio que se habita está desordenado y plagado de objetos inservibles, no hay sitio para nada nuevo en la vida y se tiende a vivir anclado en el pasado y no de cara al futuro».

«Si quieres que
se produzcan
cambios en tu vida,
mueve 27 cosas
en tu casa.»
Proverbio chino

Tres criterios básicos para «despejar» la casa

Para despejar de obstáculos nuestra casa siempre deberemos seguir tres criterios muy básicos:

1. **Simplificar y organizar.**
2. **Vivir con lo que realmente nos gusta.**
3. **Priorizar la comodidad sin olvidar la estética.**

Eliminar el desorden permite el comienzo de la resolución de los verdaderos problemas y poder crear un mundo de ilusión y progreso. Cuanto más desorden y atascos se tienen, más energía se utiliza en cuestiones sin importancia, generalmente ligadas al pasado, energía que podría utilizarse en abordar proyectos nuevos y estimulantes. En este sentido, Kingston afirma:

> *«Los beneficios que obtenemos al despejar el desorden son muy apreciables. El amor y el miedo no pueden coexistir en un mismo espacio, así que todo lo que nos retiene en el miedo –por ejemplo desprenderse de objetos y cosas que nos unen al pasado– está impidiendo obtener más amor en la vida. El miedo no nos permite ser quienes realmente somos y hacer lo que realmente hemos venido a hacer».*

De todas maneras, antes de emprender el orden y organizar el espacio, es recomendable, si se convive con otras personas, hablarlo previamente y solicitar permiso de antemano para despejar la zona particular de otros, incluidos los hijos.

Otro factor importante es que no hay que proceder con prisas. Hay que tomarse un tiempo para encontrarse bien y para saber qué es lo que se quiere lograr. De esta forma, todo irá mejor y la propia energía positiva será trasmitida tanto a los objetos como a los espacios.

Entrada principal

La entrada principal de una casa es un sitio clave para el Feng Shui. Tal como entran y salen los que en ella viven, atravesándola, igualmente lo hacen sus invitados o se marchan aquellos que no quieren quedarse y, también, a través de esa misma puerta la energía Ch'i penetra en un hogar. Quienes entran deberían sentir de inmediato la calidez y la acogida. Si este espacio está desordenado o atascado, se están restando posibilidades al progreso y a un futuro de bienestar y felicidad. Si una casa dispone de puerta trasera, deberemos aplicarle los mismos criterios que a la entrada principal.

Es muy importante despejar la entrada de todo lo que vamos dejando allí y no se utiliza: paraguas, bufandas, abrigos, botas de goma, libros que no se van a leer, etc. Y, por supuesto, debe cuidarse especialmente no dejar nada olvidado detrás de la puerta principal que pueda impedir su total apertura.

Puertas

En general, las puertas son importantes en el flujo global de la energía; por eso es conveniente quitar todas las cosas que se suelen acumular detrás de ellas, sobre todo si se dispone de ganchos o colgadores. Siempre hay que tener presente que si una puerta no se puede abrir por completo el Ch'i no podrá circular adecuadamente.

Trasteros, sótanos y desvanes

Los trasteros, los desvanes y los sótanos son sitios especialmente apropiados para el atasco de energía. En la oscuridad que suele reinar en los mismos, la energía se estanca, no circula y se crean zonas negras que afectan al buen desarrollo vital.

Tal vez lleve un tiempo despejar un trastero, pero la felicidad después de hacerlo y de quitar el lastre de los objetos acumulados sin sentido compensa con creces el esfuerzo.

Limpiar un desván y transformarlo en una habitación más de la casa es como abrir una ventana al cielo y proyectar el futuro hacia arriba, porque lo que se estanca pesa sobre quienes habitan un espacio, e impide su crecimiento. O, al menos, es deseable ordenar y organizar estos sitios que, en muchos casos, prácticamente son como los vertederos de la propia vida.

Pasillos

Asimismo hay que tener muy en cuenta que los pasillos constituyen el espacio de la casa por donde fluye toda la energía.

No es conveniente que en ellos haya objetos que obliguen a girar, a realizar complicadas operaciones para atravesarlos o colocar allí muebles que impidan el paso.

Cocina

La cocina es otra de las estancias de la casa donde se acumulan objetos que no se utilizan, incluidos alimentos, sobre todo, envasados en frascos o latas que no se consumen durante largo tiempo. Por el contrario, en la cocina los elementos que deben presidir son los alimentos sanos, la luz y la limpieza.

Es conveniente, por la importancia que tiene la cocina en la vida cotidiana, detenerse y hacer en ella una limpieza a fondo. Una buena idea es proponerse consumir todo aquello que se tenga acumulado antes de hacer una nueva compra. El resultado de esta actitud puede ser sorprendentemente positivo.

Cuartos de baño

Aquí no sólo se producen atascos en las tuberías sino también de energía, por la acumulación innecesaria de elementos, fundamentalmente en los pequeños cajones y armarios, donde se guardan cosméticos, cremas y hasta medicamentos que se han dejado de necesitar desde largo tiempo atrás. El orden y la limpieza en los cuartos de baño son también fundamentales para una buena circulación del Ch'i. Lo ideal es que el baño respire sencillez y limpieza. Quizás un adorno natural pueda consistir en algunas flores.

Sala de estar y comedor

La sala de estar o el comedor suele ser el corazón de una casa, el sitio donde a la familia le apetece estar, en el que se reciben amigos y otras visitas y donde se pasa mucho tiempo.

Si éste es el lugar en el que se comparten cosas importantes con aquellos con los que se simpatiza o por los que se siente afecto, es necesario que la energía que allí fluya lo haga lenta y suavemente.

«El entorno en que vivimos afecta al tipo de persona que somos y, equilibrando ambos, podemos influir para mejorar nuestro futuro.»

Para que esto ocurra, además de evitar los atascos y el desorden, habrá también que readaptar la decoración, de modo que los muebles no estén situados frente a puertas y ventanas y, sobre todo, procurar que el centro de este «corazón» vital no sea el aparato de televisión que suele ser un grave inconveniente para la comunicación humana y que, como todos los aparatos eléctricos, suelen emitir energía negativa o sha.

El dormitorio: un lugar muy especial

Es otro de los puntos de mayor importancia en una casa: es en este lugar donde se busca el descanso reparador tras una jornada intensa de trabajo, la relajación tan necesaria en la vida moderna; también es el sitio normalmente elegido para disfruta de la satisfacción sexual y la vida amorosa.

El desorden en un dormitorio impide el sueño reparador. Si un dormitorio está repleto de trastos como una bici electrostática, un pequeño ordenador, la cesta de la ropa sucia, prendas fuera de su sitio, seguro que no se podrá gozar en el mismo de una relación sexual feliz ni el descanso será el merecido.

Hay que resistirse a poner cosas debajo de la cama, salvo que ésta tenga cajones en los que se guardará ropa limpia para esa misma cama, de manera ordenada. Tampoco es conveniente acumular objetos encima de los armarios.

Las superficies de los dormitorios deben permanecer todo lo despejadas que se pueda, para que la energía ch'i pueda moverse más armoniosamente en el espacio y pueda generar claridad de pensamiento y una mayor felicidad en la vida. Algunos expertos en Feng Shui sostienen que las personas que padecen frecuentes dolores de cabeza, los sufren como consecuencia del desorden generalizado, máxime si el mismo está acumulado por encima del nivel de la vista.

Armarios

Un apunte aparte con relación al dormitorio, lo merecen los armarios. Si nos preguntamos cuánta ropa de la que en ellos se guarda se usa con frecuencia, seguramente la respuesta será asombrosa. Un economista italiano llamado Pareto desarrolló una teoría en la que se demuestra que una persona acostumbra a obtener el 20 % de resultados en un proyecto en el que realiza un esfuerzo del 80 %. Este concepto se puede trasladar a todo lo que nos rodea.

Poseemos una cantidad determinada de objetos: ¿Qué porcentaje de éstos utilizamos con frecuencia? ¿Los que no utilizamos, para qué los conservamos o qué función cumplen estando a nuestro alrededor? Simplemente lo que hacen es frenar la energía o atascarla.

Con la ropa suele suceder lo mismo. Disponer de un buen vestuario, no solamente hace que la gente se sienta bien, sino que sirve para aumentar la propia energía y atraer la que circula en el entorno. Pero un «buen» vestuario es aquel con el que una persona se siente cómoda y le gusta, además de utilizarlo realmente.

«Disponer de un buen vestuario, no solamente hace que la gente se sienta bien, sino que sirve para aumentar la propia energía y atraer la que circula en el entorno.»

«Dónde vives y cómo distribuyes y decoras tu hogar influye de modo muy significativo en la armonía y felicidad de tu vida y en tu salud.»

Equilibrio en el hogar, armonía interior

El Feng Shui ha sido pensado y desarrollado como la ciencia y el arte de la armonía y el equilibrio de la vida interior y exterior de las personas, estableciendo una íntima relación entre ambas. Así, el modo en que organizamos el entorno físico de nuestro hogar puede favorecer u obstaculizar nuestro éxito y nuestra armonía interior. Si se decora una casa incorporando remedios Feng Shui que pueden adquirirse en una tienda, es probable que nuestra paciencia se agote porque los logros que nos proponemos no se produzcan rápida ni fácilmente. Al iniciarse en el Feng Shui se debe tener presente que todas las cosas poseen energía, que todo está relacionado entre sí a través de la misma y que ésta es cambiante. Tomando como base esta idea ya puede comenzar a analizarse la propia casa. Lo ideal cuando se habla de hogar y Feng Shui es trazar un mapa ba-gua de la situación personal y del propósito que se persigue y otro mapa del lugar de residencia e incluso, si es posible, uno para cada habitación o espacio de la casa.

A continuación ofrecemos algunas ideas orientativas y generales sobre los conceptos Feng Shui para la vivienda.

«Aplicar cambios positivos en el interior de nuestro hogar es ya un modo eficaz de mejorar nuestra vida.»

«Mejorar nuestro espacio vital es el modo de mejorar, también, algún aspecto de nuestra personalidad.»

Entrada

- Si es una casa individual cuya entrada da a la calle, o se accede a ella a través de un pequeño jardín que llega hasta la entrada propiamente dicha, se procurará que en el recorrido no haya plantas o ramas de árboles que entorpezcan el paso.
- Esta zona de acceso no debe estar atascada por ejemplo, con un coche o con las bicicletas de los niños. La entrada a nuestra vida debe dejar fluir lo más libremente posible el Ch'i. Se intentará que las cerraduras funcionen correctamente, que a la puerta de acceso no le falte una mano de barniz o pintura e incluso que haya algún elemento decorativo que informe a quienes vengan de fuera sobre el espíritu de quienes habitan la casa.
- Un felpudo en la entrada limpiará las suelas del calzado que ha recogido energías extrañas en la calle y unas campanillas que suenen al abrir la puerta introducirán al recibidor que deberá –como ya se ha comentado– estar ordenado.
- Si se vive en un piso, también hay que cuidar los detalles de la puerta de acceso. En el descansillo, si hay luz suficiente, se pueden poner unos tiestos con plantas. El timbre de la puerta de la calle no debe ser estridente –los hay musicales– y sobre la puerta se puede colgar un móvil que anuncie la llegada de los que viven en la casa o la de sus invitados.
- Si el recibidor es pequeño, razón de más para que no haya en él nada que no sea necesario; un buen recurso es situar un espejo frente a la puerta para ampliar el espacio.
- Hay que prestar una especial atención al colorido del recibidor, procurando que sea acogedor, utilizar en la decoración símbolos de bienvenida y, si es posible, colocar en el suelo una pequeña alfombra que sirva de orientación y trace el camino para

acceder al interior de la vivienda. Esta zona no sólo es la de entrada de la energía, sino también el lugar por donde, quienes accedan a la casa, se formarán una impresión sobre los que en ella viven y sobre cuáles son sus objetivos de vida.

Salón

- El salón, que en ocasiones suele hacer las veces de salón-comedor, es una habitación social y activa. Allí se reúne la familia o quienes conviven en la casa y se reciben a los amigos y familiares. Este sitio dice mucho sobre la personalidad, es el lugar perfecto para expresarse y desplegar el sentido que se tiene del color, los gustos en materia de arte o los objetos preferidos de

los que ocupan la vivienda. Es importante, pues, que cualquiera de los estilos de diseño que se utilicen sean representativos y, a la vez, que los muebles que allí se dispongan estén ordenados de manera que aseguren una corriente armoniosa de ch'i.

- Si la pieza fundamental del salón es un sofá, debe ubicarse de tal forma que desde el mismo se vea la puerta y, si no puede ser, poner un espejo para poder verla desde ese lugar. También debe procurarse que la organización del salón, sobre todo si es salón-comedor, se plantee como diferentes islas, para que el ch'i circule libremente entre ellas.
- Todos los asientos deben ser cómodos y desde todos ellos se debe tener una visión agradable. Las sillas deben ser confortables e invitar a la relajación y, en ningún caso, generar tensión.

Muebles

- Los muebles con puntas afiladas o ángulos cortantes no deben tenerse en una casa, pues, no sólo son peligrosos sino que, desde el punto de vista energético, transforman el ch'i en sha. También la compra de muebles nuevos debe hacerse según la premisa de que seguridad y comodidad son más importantes que belleza (además de que ambas cosas no están necesariamente reñidas). Y, por encima de todo, nunca deben comprarse muebles por catálogo. Es preciso probar en el propio cuerpo cada pieza para saber si hay una buena adaptación a la misma.

Colores del hogar

- Los colores tienen una gran importancia en una casa, pues se tendrá que convivir con ellos y verlos durante un período prolongado de tiempo y porque también ellos rechazan o atraen la energía que fluye en un hogar. Además, su influencia sobre los estados anímicos es muy intensa.

- Es conveniente elegir siempre tonos neutros que contribuyan a la relajación y que se puedan combinar adecuadamente con muebles y objetos de decoración. Si es posible, antes de decidir sobre un color determinado, ya sea para paredes, suelos o muebles, sería útil probar durante unos días los colores escogidos.

Aparatos electrónicos

- En cuanto a los aparatos electrónicos, como equipos de música o televisores, tan comunes en los salones, el criterio del Feng Shui es que se sitúen dentro de armarios con puertas y que cuando no se usen queden encerrados. Este sencillo cambio mejora sobremanera la calidad de vida y promueve un mayor diálogo y acercamiento entre el grupo familiar. Si no es posible guardar los aparatos dentro de un mueble, pueden cubrirse con una funda de tela bonita y poner encima un arreglo floral o un objeto decorativo.

Calidez del dormitorio

La calidad y calidez que debe ofrecer el dormitorio es vital porque es la habitación de la casa destinada al descanso, la lectura, la reflexión y la actividad sexual. Es allí donde se compensan las fatigas pasadas durante el día y donde se halla felicidad y satisfacción sexual con la pareja. La armonía espacial del dormitorio influirá sin lugar a dudas en nuestra armonía, tanto física como psíquica.

Diez puntos esenciales para la armonía del dormitorio

Es de vital importancia que en el dormitorio el Ch'i circule armoniosamente. Para ello proponemos los siguientes puntos de examen:

1. *Ubicación del dormitorio dentro de la casa.* Según el criterio Feng Shui debe estar lo más lejos que se pueda de la puerta principal de la vivienda, en un lugar lo más tranquilo posible.

2. *Iluminación natural y artificial.* Lo ideal es que el dormitorio tenga ventanas que den al exterior y lograr así la máxima luz natural. Conviene que entre la luz natural, pero si la ventana está encarada al sur y la luz es excesiva entonces deberíamos amortiguar la intensidad de la luz con estores para lograr un ambiente más acogedor. La luz artificial no debe ser excesiva y lo preferible es una pequeña luz en las mesillas y otra en la zona del armario. Deberá evitarse que haya una lámpara en el techo sobre la cama.
3. *Ventilación correcta.* Es importante que la habitación destinada a dormitorio tenga ventanas a través de las cuales podamos abrirnos al exterior y facilitar así la correcta oxigenación y la entrada de energía.
4. *Despejar el espacio y distribuir.* En este íntimo santuario, la decoración debe invitar a la serenidad y al amor y, para ello, lo mejor es despejar el espacio de todo lo que resulte innecesario o no se corresponda con su función. Debemos lograr que el dormitorio dé sensación de amplitud, para lo que se recomienda usar muebles de color claro. Uno de los grandes errores que se cometen habitualmente en estos tiempos y que es totalmente opuesto a la concepción del Feng Shui, es que en el dormitorio haya una mesa de trabajo con un ordenador.
5. *Posición, medidas y materiales de la cama.* La cama –el mueble estrella del dormitorio– no debe estar cerca de la puerta, pues, si lo está, no es posible relajarse del todo. La situación ideal es lo más alejada posible de puertas y ubicada frente a una ventana o bien que, al tenderse en el lecho, se tenga una ventana a la vista. Nunca debe colocarse la cama de manera que quienes estén acostados o duerman en ella tengan los pies en dirección a la puerta (incluso en la cultura occidental los pies cerca de la puerta se asocian con la muerte). Lo mejor es colocar la cama no en un

lateral, sino en una posición central de modo que siempre pueda circularse a su alrededor. En cuanto a los materiales, lo ideal es que el somier sea de madera y el colchón de fibras naturales.

6. *¿Qué hay encima de la cama?* Otro elemento muy importante dentro de los conceptos Feng Shui es la atención que debe prestarse a lo que hay por encima de la cama. La distancia al techo deberá ser como mínimo de un metro. Los expertos en esta disciplina oriental recomiendan vivamente que el dormitorio no tenga en el techo vigas a la vista. Una viga sobre la cama, que la atraviese longitudinalmente, puede suponer la ruptura de una pareja a corto plazo. Conviene disimularlas con pintura, construir un falso techo de escayola o cubrirlas con telas onduladas para que el sha se diluya.
7. *La ropa de la cama.* Al acostarse en la cama, hay que procurar hacerlo entre ropa limpia, suave y agradable al tacto, evitar el peso de muchas mantas, edredones o colchas y utilizar almohadas que contribuyan al descanso. El colchón, el somier y las almohadas deben ser ergonómicos y adaptarse correctamente al cuerpo para evitar levantarse con el cuello dolorido.
8. *Muebles y objetos: materiales y formas.* Para el dormitorio también son válidos los consejos con relación al sha cortante que se han ofrecido para otras habitaciones, como por ejemplo evitar muebles y objetos que tengan puntas y filos.
9. *Decoración general: ambiente que induce a la relajación.* Un elemento esencial para crear un ambiente relajante son los colores. Los tonos pálidos y relajantes (azules, salmones, lilas, rosas, etc.) proporcionarán al dormitorio una sensación de amplitud espacial. En cuanto a los muebles, lo mejor será el color natural y, en general, evitaremos los tonos subidos (rojos) o el negro o la gama de grises. Una iluminación baja aunque no insuficiente también colaborará a crear este ambiente.

10. *¿Plantas en el dormitorio?* Las plantas, si son frescas, siempre ayudan a potenciar la energía del espacio de un modo natural. Si se encuentran bien situadas y no son excesivamente grandes, descongestionan el ambiente.

Cocina

- El Feng Shui asocia la comida con la salud y la riqueza, por eso se le concede especial atención a la cocina. Al diseñar y decorar este espacio hay que tratar de que sea amplio y de que en él se

pueda disfrutar del delicioso arte de preparar los alimentos. Buscar formas curvas para los armarios y la encimera, verificar la seguridad de electrodomésticos y cuidar que no haya desperdicios de agua o electricidad ni escapes de gas.

- Y puesto que la cocina es también un lugar de reunión, debe disponer de asientos cómodos y su decoración debe contener elementos que le sean propios, porque emiten energía positiva. La encimera debe estar lo más despejada posible, pues, si está abarrotada de objetos, no estimula la capacidad creativa y la entrega de amor que supone la preparación de la comida.

Cuartos de baño

- Con los cuartos de baño se debe tener mucho cuidado. Es opinión generalizada de los expertos en Feng Shui que por las tuberías se pierden los recursos de una casa y la energía vital de sus ocupantes. Pero esto tiene una fácil solución: mantener tapados los desagües cuando no se utilizan, así como también el inodoro y cerrar siempre las puertas de baños y lavabos. Asimismo, conviene buscar el equilibrio entre las fuerzas de los mismos en los que predomina el elemento agua con fuerzas de tierra o fuego.
- Si un cuarto de baño tiene poca luz o es completamente oscuro, hay que tener una pequeña luz de seguridad funcionando durante todo el día, para que siempre haya algo de claridad y la energía sha no se estanque allí.
- También se puede recurrir a las velas y tenerlas siempre encendidas, porque ello contribuirá a que la prosperidad y la riqueza no se vayan por el retrete.

Cuando el hogar es también lugar de trabajo

- Si el hogar es también el lugar de trabajo, se tiene en él un despacho o cualquier otra fuente de ingresos, debe adecuarse especialmente el lugar destinado a este fin, porque es el que conduce directamente a los ingresos económicos.
- Si se trabaja en algo vinculado con el exterior, el despacho debe ubicarse en la parte anterior de la casa, mientras que si se trata de un trabajo más creativo o introspectivo, conviene situarlo en la parte posterior de la vivienda. Las habitaciones alejadas del bullicio callejero brindan mejores perspectivas a artistas, escri-

tores y a todos aquellos que necesitan gran concentración para trabajar.

- La distribución de muebles en el espacio destinado a trabajar es muy importante. Por ejemplo, la mesa de trabajo debe estar ubicada frente a la puerta. Asimismo, es de sumo interés que en esta habitación haya una ventana a la vista de quien o quienes trabajen allí y, por detrás, una sólida pared que afirme a las personas. De no ser posible esta disposición básica, se puede jugar con espejos para poder ver la ventana. Si se da el caso de que la misma esté situada detrás de las personas, hay que establecer una separación por medio de cortinas o plantas. Hay que seleccionar con mucho cuidado la silla o sillón en el que se estará sentado durante toda la jornada.
- Especial atención debe tenerse con los aparatos que estén situados en el lugar de trabajo, tales como teléfonos, fax y ordenadores. En primer lugar, porque descargan importantes

energías a causa de los campos electromagnéticos y también porque, a través de los cables que los conectan a las redes eléctricas, son portadores de energía negativa. Conviene recubrirlos con algún tipo de moldura de las que se adquieren fácilmente en las tiendas o que se unan entre sí y se oculten bajo una alfombra.

- Siempre deben buscarse mesas de trabajo rectangulares, ovaladas o en forma de riñón, porque son las más adecuadas para contribuir al mejor desarrollo del trabajo y atraen la prosperidad. Los muebles archivadores de cantos afilados son difíciles de evitar, pero se pueden ubicar en ángulos oblicuos para neutralizar sus efectos negativos y, si son de metal, contrarrestar su fuerza con algún elemento de tierra, tal como una pieza de cerámica; también sirve algo que contenga agua, como una pecera o, simplemente, un florero con flores frescas que se cambiarán diariamente.

Pasillos y escaleras

Los pasillos y escaleras de una casa sirven para unir habitaciones y las diferentes plantas. En ellos la energía tiende a circular rápidamente, por lo que se puede transformar en sha. Como mínimo se debe procurar que pasillos y escaleras estén bien iluminados y decorados con acierto y, por encima de todo, evitar que haya en ellos objetos que obstruyan el paso. En este caso, los juegos con espejos y cristales tallados son muy útiles para equilibrar la circulación de la energía.

Ventanas

Es a través de las ventanas por donde entra y sale la energía, de modo que hay que tratar de no tener nunca puertas enfrentadas con ventanas para que no se acelere la circulación de la energía. Además, es también a través de las ventanas como podemos ver el mundo y, a su vez, desde la parte exterior de las mismas puede verse a quienes habitan una casa. Ambas cosas son importantes: lo que se vea desde dentro debe ser agradable y contribuir a la estabilidad emocional y,

a la vez, debe garantizarse la intimidad; de allí la importancia que tienen las cortinas y visillos así como también los objetos o plantas que se ubican en los alféizares de las ventanas, que ven los que miran desde el exterior.

Ubicación y decoración armoniosa

El Feng Shui –como ya se ha dicho– tiene como objetivo fundamental la búsqueda del equilibrio y la armonía entre el ser humano y su entorno inmediato, así como también con el universo en general. Son dos las preguntas que interesa contestar, para saber en qué medida la armonía y el equilibrio de una persona y su entorno son los adecuados:

- De los objetos que rodean a dicha persona en su hogar o lugar de trabajo, *¿Cuántos son necesarios y cuántos son superfluos y, por lo tanto, prescindibles?*
- Si se elimina lo superfluo y todo aquello que no cumple ninguna función, *¿Cuánto de lo que queda está en armonía y equilibrio con el conjunto?*

La respuesta a ambas preguntas es la guía que ayudará a crear un entorno Feng Shui, en el que la energía positiva circule a favor de los seres humanos para que logren las metas que se propongan y gocen de bienestar.

Lo que en Occidente se conoce como «interiorismo», en clave de Feng Shui se llama «arte de la ubicación». Dentro de esta concepción filosófica, todo lo que contribuye a decorar un ambiente (muebles, espejos, adornos, luces, plantas, cristales, etc.) así como su situación en el espacio tiene una función básica y primordial: alentar el flujo energético positivo.

El leve movimiento y el suave sonido de los móviles o carrillones (ya sea de campanillas o tubulares) estimulan el Ch'i. Para favorecer su entrada al interior de la casa suele aconsejarse que se coloquen en la entrada, el balcón, el porche o la terraza.

El Feng Shui estudia y aporta criterios para ubicar puertas y ventanas, baños y aseos, chimeneas y otros elementos clave en la estructura de la vivienda, e igualmente para la colocación de muebles y el orden de enseres. Sin embargo, no se trata de distribuir y ordenar una vivienda y su contenido aplicando rígidamente los criterios de esta filosofía. No es simplemente colocando cristales en el área de la riqueza y la abundancia como una persona se convierte automáticamente en rica. Debemos tener una disposición general de ánimo que contribuya a conseguir lo que se necesita y desea y, en el caso de la prosperidad económica, el flujo de la abundancia será la consecuencia de un largo y complejo proceso, en el que intervendrán diversos factores.

La experta en Feng Shui Karen Kingston relata una experiencia profesional con una persona cuyo estado de ánimo era particularmente negativo:

«Voy a describir la casa de una mujer que me consultó. En su cocina, todas las tazas, cacerolas y otros enseres pendían de ganchos, como también las llaves y otros muchos objetos variados. En su habitación había ropa y bolsas colgando de clavos y tiradores de puertas; incluso

había creado un sistema para suspender sus pendientes de dos varillas dispuestas en el tocador (no hace falta decir que todos sus pendientes eran colgantes).

Tenía plantas colgantes y trepadoras colocadas en cestas suspendidas por toda la casa. Todas las pantallas de luz proyectaban la iluminación hacia abajo y los techos, extremadamente bajos, arrastraban todavía más la energía hacia el suelo. Debía de haber, por lo menos, unos cien objetos colgando en su pequeña casa.

El efecto general era muy deprimente y me resultó fácil intuir que la señora debía de estar profundamente deprimida para haber creado un simbolismo de ese tipo a su alrededor. Simplemente le recomendé que invirtiera el sentido de todos los objetos que tenía dispuestos en su vivienda para que la energía se moviese de forma natural, en sentido ascendente.

También le sugerí que apilase las cacerolas en lugar de colgarlas, que dispusiese las tazas en estantes y que sus plantas trepadoras hiciesen honor a su nombre disponiéndolas de modo que crecieran hacia arriba y que sustituyera la iluminación baja por otra superior. Los resultados de estos cambios fueron positivos al cabo de muy poco tiempo. Ella misma comentó: «No me había dado cuenta, pero incluso mi cabeza colgaba hacia abajo al andar. Ahora avanzo erguida y me siento feliz de estar viva».

Los elementos decorativos deben contribuir a atraer y encauzar el flujo de energía en una casa para que circule suavemente y sin estancarse. De esa forma actuará de modo positivo y revitalizante. De modo que unos pocos cambios pueden modificar enteramente la vida de una persona, pero deben ser hechos con conocimiento, en armonía y de forma equilibrada.

Elementos con valor especial para el Feng Shui

Ciertos elementos tienen un valor muy especial desde el punto de vista Feng Shui. Entre ellos, cabe destacar elementos tales como los abanicos, la simbología de los elementos decorativos, los cinco elementos naturales, los amuletos y talismanes, candelabros, espejos, etc. Veamos ahora una síntesis de la importancia de cada uno de estos elementos decorativos tan propios del Feng Shui.

Abanicos

Los abanicos contribuyen a expandir la energía vital en forma permanente. Es idóneo ubicarlos en el área de acceso a la vivienda ya que desde allí la distribuyen al resto del hogar, pero es preciso advertir que no deben fijarse a la pared con clavos, pues el metal bloquearía sus propiedades de difusión. Es preferible utilizar cualquier tipo de adhesivo, incluso parches.

Simbolismo de cada elemento

También es importante tener presente el simbolismo que rodea a algunos de estos elementos decorativos como es el caso del simbolismo de los elementos naturales (tierra, agua, etc.) o el simbolismo de los colores.

En cuanto a la simbología de los cinco elementos naturales, el agua, por ejemplo, simboliza las líneas más profundas del flujo del Ch'i, tales como la riqueza y el dinero. En Hong Kong se recurre mucho a este elemento en forma de acuarios, jardines de agua, cascadas, etc. para dotar de armonía Feng Shui a viviendas y negocios.

También el color es uno de los parámetros fundamentales cargados de una simbología particular: el amarillo y los ocres representan la energía unificadora del elemento tierra. En un ambiente interior, estos colores están especialmente indicados para conducir equilibrio a diversidad de elementos decorativos. Según el método ba-gua, este color también es útil para activar la zona relacionada con el saber y la cultura, así como también la del amor y el matrimonio. La tonalidad de las paredes (además de, claro está, las piezas de arte, los tapices y gobelinos) son también útiles como elementos controladores para contribuir a equilibrar el ambiente de un lugar determinado del hogar o en el trabajo.

Amuletos y talismanes

En el Feng Shui popular, los amuletos y talismanes han desempeñado durante siglos un importante papel. Grabados en madera o dibujados en un papel, se cuelgan para atraer la buena suerte y proteger las viviendas del sha. En su mayoría representan el dragón y el tigre, el símbolo gráfico del yin y el yang o la figura octogonal del ba-gua.

Candelabros

Los maestros de Feng Shui aconsejan el uso de grandes candelabros con muchos puntos de luz. Según el método ba-gua, un candelabro resulta especialmente eficaz para estimular un determinado aspecto vital. Basta con colocarlo en el sector de la casa correspondiente y encender las velas todas las noches para activar la energía.

Incienso en el hogar

Conviene que, con cierta regularidad, limpiemos y purifiquemos las distintas estancias de nuestro hogar mediante el maravilloso aroma del incienso, uno de los métodos más aconsejados por el Feng Shui para potenciar la armonía en el hogar.

Cada escuela de Feng Shui tiene establecidas sus ceremonias de purificación, algunas de las cuales sólo las pueden llevar a cabo los maestros que llevan más de veinte años en la práctica. Sin embargo,

un método bien sencillo consiste en recorrer la casa ya sea con unas barritas de incienso o bien con bloques de madera de sándalo.

Peces

En China los peces simbolizan la abundancia y de ahí que regalar peces a amigos y parientes siempre sea un símbolo de buena voluntad. Además, dada su gran capacidad reproductora, los peces simbolizan también la fertilidad y, por la belleza de su entorno y la elegancia y gracia de sus movimientos son también símbolo de la armonía conyugal.

En el Feng Shui, los peces que mejor simbolizan la buena fortuna deseada son la carpa y, en general, los peces de colores, sobre todo de colores brillantes. Con todo, los peces rojos o de colores dorados son los que mejor simbolizan la riqueza. Con frecuencia suele hacerse una combinación ideal de peces rojos y uno negro.

Si se desea colocar una pecera en casa, debemos tener en cuenta lo siguiente: la situación ideal es el sector norte de la casa; el agua debe estar siempre bien limpia y oxigenada; la ornamentación de la pecera o acuario deberá ser sencilla y equilibrada; en cuanto a la cantidad de peces, lo ideal es que el número siempre sea un múltiplo de nueve; finalmente, no es aconsejable mezclar especies.

Espejos

Quizá los espejos sean el remedio más popular para canalizar la energía en el Feng Shui, pues sirven para conducir el flujo del Ch'i y para desviar el sha. Sin embargo, también es uno de los símbolos que de modo habitual suele utilizarse de modo incorrecto. La clave está en su ubicación. Además, multiplican las imágenes y en ese sentido también proporcionan la sensación visual de que las dimensiones de las habitaciones son mayores, contribuyendo a dar una sensación de profundidad y de estancias más despejadas, lo que a su vez aumenta la circulación de la energía.

Asimismo pueden servir para reflejar en el interior la vista de un paisaje o imagen exterior agradable, que es como atraer la naturaleza y la hermosura a la casa. Los espejos deben situarse en lugares oscuros, cerrados y sin ventanas como rincones o cuartos de baño, pero en este último caso, procurando que en los mismos no se reflejen los sanitarios, porque contienen energías sucias y es conveniente sacarlas de la casa, en lugar de que vuelvan a reflejarse en el interior.

No es apropiado colocar un espejo al final de un pasillo, porque doblaría la longitud de una estructura ya de por sí larga y recta. Sin embargo, poner espejos transversalmente en las puertas que dan al pasillo hará que éste parezca más ancho. Tampoco deben situarse donde reflejen las puertas, especialmente la principal. En las habitaciones que necesiten un ambiente animado como puede ser la sala de estar o el estudio, resultan muy apropiados ya que generan una atmósfera estimulante, energética y creativa.

El espejo es uno de los símbolos más conocidos del Feng Shui pero a la vez, es también uno de los que se usa más incorrectamente por lo que su uso debe ser siempre cuidadoso.

Recordemos que los objetos brillantes y luminosos atraen el Ch'i gracias a los fluidos que emiten e influyen en las personas que se encuentren cerca de ellos. Los jarrones de cristal con flores frescas, las lámparas, los móviles, los acuarios, los espejos ubicados en rincones oscuros impiden que el Ch'i se estanque, y también potencian la energía en sectores donde ésta se quiera activar. Otros elementos decorativos impiden que el Ch'i circule demasiado de prisa: una planta grande, cortinas o biombos, por ejemplo, actúan como frenos eficaces.

Diez preguntas para examinar tu casa y aplicar el Feng Shui

1. **¿Identificas algún objeto o estructura que apunta hacia ti y genera «flechas secretas»?**
   Situándote frente a la casa examina tanto su emplazamiento como la presencia o ausencia de «flechas secretas» y aplica los métodos Feng Shui para contrarrestar sus efectos negativos.
2. **¿Existe algún objeto que podría bloquear el flujo del chi a través de la puerta?**
   Elimina cualquier desorden u obstrucción que encuentres justo dentro o fuera de la puerta.
3. **¿Cuáles son las direcciones de los lados de tu casa?**
   Con una brújula anota las direcciones de los lados de tu casa y analiza también la dirección de cada estancia (sala de estar, dormitorio, baño, etc.) para averiguar si su dirección es la favorable. Aplica el diagrama ba-gua sobre un plano de tu casa.
4. **¿Cómo tienes dispuesto el dormitorio?**
   Estudia cuál es la situación de la cama respecto de la puerta. Comprueba que no tienes vigas que atraviesen por encima de la

cama y que desde la cama no te veas reflejado en ningún espejo. El mobiliario ¿Tiene cantos redondos? ¿La energía puede fluir libremente y sin obstáculos? ¿Los colores del dormitorio son suaves y cálidos? ¿Se respira en tu dormitorio un aire de calidez, armonía y relajación?

5. **¿Tienes una cocina Feng Shui?**
   Analiza si al preparar la comida estás de espaldas a la puerta y, de ser así, averigua si puedes resituar los elementos de la cocina.
6. **¿Cuál es la posición de la cama?**
   Relee lo explicado acerca de la posición de la cama y revisa atentamente si en tu caso concreto ésta sigue los criterios correctos del Feng Shui.
7. **Repasa la colocación de tu cuarto de baño.**
   Por el baño el agua sale de la casa, por lo que es un elemento importante, ¿En qué dirección se encuentra el cuarto de baño?, ¿Tienes un exceso de elementos que entorpecen?, ¿Qué tipo de materiales tienes?, ¿Está separada la taza del resto del baño?, ¿Mantienes siempre la tapa cerrada?
8. **¿Favorece la decoración de tu casa el equilibrio y la armonía?**
   Paséate por las estancias de casa y revisa con «ojos Feng Shui» el estado de las mismas ¿Existe un exceso de objetos? ¿Tienes una decoración relacionada con la Tierra o con los elementos de la naturaleza? ¿Limpias el ambiente mediante incienso, velas o el sonido agradable y tranquilizador de algún carrillón colgante? ¿Cuáles son los colores de las paredes?
9. **¿Cómo es el lugar de la casa donde trabajas?**
   Si dedicas un espacio de la casa a trabajar, ¿Qué lugar ocupa el escritorio respecto a la puerta? ¿De qué material es la mesa de trabajo? Aun siendo un lugar de trabajo ¿Se respira en él un aire de armonía y tranquilidad?

10. ¿Conoces tu jardín?

¿Has puesto remedio para que ningún camino del jardín conduzca directamente en línea recta hacia la puerta de la casa? ¿Qué tipo de arbustos o plantas tienes?

Bienestar en el trabajo

Cualquier tipo de trabajo supone una transformación o modificación de un estado de la materia prima en otro, o partir de una información o situación primaria a la que se añaden una fuerza y unos conocimientos, para convertirlos en algo diferente y lo que se aplica al trabajar es un aspecto de la energía. En este sentido, también son ejemplos de la aplicación de energía al trabajo el traslado de determinados elementos de un sitio a otro, con lo que pasan a tener otro valor; o el hecho de que un médico atienda una demanda de alivio de determinada dolencia y genere un cambio en el organismo del paciente; o un músico que concibe una obra artística y, para transmitirla, la transcribe en papel, entre muchos otros quehaceres físicos o intelectuales.

Todas estas labores son cambios, transformaciones, todas son modificaciones que se generan con energía y que, a su vez, generan nuevas energías. Desde el punto de vista del Feng Shui es, por tanto, esencial que cada trabajo se realice en la dirección correcta o siguiendo la que indica el trigrama más directamente asociado con la actividad que deba realizarse y bajo la influencia de auspicios favorables. Así, por ejemplo, el elemento de una agencia de publicidad es el agua (comunicación, movimiento).

No obstante, como habitualmente ocurre en la mayoría de los casos, una actividad laboral depende de la relación contractual que se tenga con una empresa. De ahí que la capacidad de decisión autónoma para aplicar métodos Feng Shui en el lugar de trabajo se vea limitada por la responsabilidad y la capacidad de decisión de cada individuo, ya que no es lo mismo ser el dueño y único trabajador de una empresa que formar parte de la cadena de montaje en una industria. Pero siempre, en todos los puestos de trabajo, existe la posibilidad de adaptar e incluir algunos de los métodos del Feng Shui con el fin de mejorar el bienestar del trabajador e incluso, o precisamente por ello, aumentar su eficacia.

Si fuera posible, lo ideal en el sitio de trabajo es aplicar el método ba-gua y equilibrar todos los espacios de la oficina para que el Ch'i circule por ella creando armonía y bienestar, ya que ambos son fuentes de riqueza.

Ubicación de la empresa

En cuanto a la ubicación de la empresa, tanto si ésta se encuentra en un edificio compartido con otras o bien disponga del suyo propio, el Feng Shui propone los siguientes criterios para garantizar su próspero desarrollo:

- Se debe procurar que las construcciones más altas estén situadas por detrás de la propia empresa.

- La entrada debe estar situada en un espacio despejado. Lo fundamental es que las «flechas secretas» del sha no apunten hacia la puerta de entrada.
- También hay que observar si los elementos que predominan en el entorno son compatibles con el negocio de la compañía y, si los mismos no guardan equilibrio entre sí, buscar los antídotos o remedios adecuados para reequilibrarlos.

Puerta principal y recepción

La puerta principal nunca debe estar al final de una calle, ni debe mirar hacia una colina o elevación importante del terreno, así como tampoco hacia otro edificio cuya estructura sea de volumen mayor. Si se teme la acción de «flechas secretas», el mejor remedio Feng Shui para neutralizar su acción es la colocación de espejos ya que, además de desviar las líneas rectas, añaden luminosidad a la entrada del edificio.

Una recepción de empresa bien equilibrada mejora sustancialmente sus beneficios. No solamente porque este sitio es el equivalente al recibidor de una vivienda y el punto de contacto con el mundo, sino también porque es la vía de entrada y salida diaria tanto de todos sus empleados como de los clientes y proveedores.

Es en la recepción donde se forma la primera idea acerca del carácter de la empresa con la que se va a tratar, una imagen de cómo es su personal y también de cuál es su capacidad organizativa.

Los expertos en Feng Shui recomiendan encarecidamente hacer una buena inversión en esta área de la empresa. Según su punto de vista, una recepción bien decorada y diseñada contribuye a mejorar el ánimo y el rendimiento de los empleados y hace que los visitantes se sientan bien acogidos y relajados.

Muchas empresas instalan jardines interiores en su recepción o fuentes ornamentales con cascadas de agua, ya que tanto las plantas como el agua son elementos que atraen el Ch'i. Si se desea colocar obras de arte en este espacio, debe procurarse que éstas se correspondan con la índole de la empresa y con los otros elementos que estén situados allí y que, además, sirvan para contribuir a la relajación, procurando a la vez, dar sensación de amplitud.

Iluminación general y direccional correctas

Si una persona desempeña su labor en una oficina, lo primero que debe asegurarse es que haya energía equilibrada y armónica en todo el espacio y eso puede garantizarse mediante una iluminación general adecuada, aunque luego se añadan en las áreas individuales luces direccionales.

La mesa de trabajo

Orden

En la propia mesa de trabajo hay que mantener el orden y eliminar todo lo que esté sobre la misma que no sirva o no cumpla ninguna función. En la oficina, una mesa de trabajo refleja la mente de quien se sienta a ella para desarrollar su quehacer. Es razonable y propicio, entonces, seleccionar con cuidado y colocar sobre dicha mesa pequeños detalles como jarrones con flores, marcos con fotos y otros objetos que resulten gratos para sustituir las pilas de papeles que se acumulan y a los que nunca se encuentra solución ni salida.

Posición

La posición de la mesa o banco de trabajo es también de gran importancia para el desarrollo de cualquier actividad laboral. La situación ideal es el punto más alejado de la puerta de entrada y debe estar respaldada por una sólida pared, paralela a la superficie en que se trabaja, ya que, si la mesa y la pared forman un ángulo, se crearían conflictos dentro del espacio que comparten.

Si la persona que trabaja en una mesa es el jefe o el responsable del despacho o de una línea de producción, la posición antes descrita le permitirá tener control sobre todo lo que sucede, sobre quién entra y sale y disfrutará de la máxima concentración y de

buena fortuna. Desde ese sitio será difícil que en el marco del conjunto de la empresa su autoridad sea puesta en duda y sus decisiones serán fruto de correctas reflexiones y contribuirán a los éxitos de toda la compañía. Es fundamental evitar siempre que existan aristas en punta dirigidas hacia el sitio donde se sienta una persona, tales como bordes de archivadores o filos cortantes de otras mesas.

Tamaño

El tamaño de la mesa debe ser amplio, pero nunca tan grande como para que ciertos objetos queden fuera del alcance de la mano. Así como las mesas pequeñas pueden generar frustraciones, las muy grandes pueden reducir la eficacia.

Forma

Las mesas con forma rectangular o cuadrada y ángulos redondeados son ideales para las empresas comerciales, cuyo primordial objetivo es generar dinero, mientras que las mesas ovaladas, con formas redondeadas o de riñón son adecuadas para tareas de tipo creativo.

Material

La superficie de cualquiera de ellas debe transmitir una sensación de equilibrio y calma, por lo que hay que evitar que sean demasiado brillantes o de colores muy contrastados como negro o blanco. Aparte de responder a los criterios Feng Shui, este último consejo lo agradecerá sobremanera nuestra vista.

¿Y cuando se trata de un comercio?

Si alguien se dispone a abrir una tienda, debe tener en cuenta una serie de normas o efectos que son diferentes de los que interesan para una vivienda. Por ejemplo, una situación ideal para un comercio es un cruce de calles o una plaza, (siempre previendo la neutralización de las flechas secretas).

Para potenciar la atracción del Ch'i hacia el establecimiento hay que utilizar elementos como luz, color, música, banderas, carteles, fuentes, etc., a la entrada del mismo. También conviene, para propiciar que los clientes se desplacen por toda la superficie, orientar el camino y situar algo atractivo que llame su atención.

Expositores y mostrador deben orientarse de tal manera que sus líneas y ángulos no apunten hacia la puerta y es muy importante que la caja registradora esté en un lugar propicio, como por ejemplo, en la zona ba-gua de abundancia y prosperidad.

Por último, en ningún caso debe haber en el comercio zonas mal iluminadas o estanterías y otros muebles de exposición de artículos en conos de sombra.

La importancia del jardín

Si una vivienda dispone de un jardín delantero o trasero, por más pequeño que sea, también debe tomarse en cuenta en el análisis Feng Shui que se realice. Las plantas, los arbustos y los árboles tienen su propia vitalidad y energía y una gran responsabilidad en la circulación del Ch'i.

Durante siglos los jardines han desempeñado un importante papel en las casas chinas, ya que desde siempre se ha considerado que contribuyen a mejorar el Feng Shui de un hogar. Desde ese punto de vista, se considera que un jardín en la parte delantera de la casa ofrece protección y aislamiento contra las energías adversas que proceden de fuera.

Las plantas y las flores de un jardín conducirán la energía Ch'i hacia el interior confiriéndole su propia energía vital. Cuanto más lozanas estén y más colorido posean, mayor calidad tendrá la energía que reciba una vivienda.

Cinco consejos básicos para el jardín

En síntesis debe decirse que, para el caso de los jardines, al igual que en los espacios interiores, lo esencial es que en ellos reinen siempre el equilibrio y la armonía. En este sentido, según la experta en jardines Feng Shui Philippa Waring, hay cinco verdades básicas con relación a los jardines. Estudiando estas cinco verdades básicas se puede tener una idea clara de cómo debe ser el jardín que rodee una vivienda o que la proteja por delante.

1. La clave es procurar que todo parezca lo más natural posible. Ni las plantas que se cultiven ni los adornos que se incorporen tienen que parecer forzados.
2. Un elemento fundamental del equilibrio es la combinación de las formas y los tamaños de las plantas, de modo que ningún elemento o grupo destaque por encima de los demás. Puede que en los jardines occidentales se aprecien los macizos repletos de flores de muchos colores –sostiene– pero, según el Feng Shui, un conjunto floral de unos pocos tonos delicados y sutiles así como la abundancia de hojas verdes contribuyen mucho mejor a la buena circulación de la energía Ch'i.
3. Los caminos son esenciales en cualquier jardín, pero, mientras que en Occidente es habitual trazarlos en línea recta (para llegar de un lugar a otro lo antes posible) en el Feng Shui lo recto se considera peligroso y conviene trazar sendas que sigan curvas suaves y sinuosas, porque facilitan la circulación natural de la energía.
4. Un jardín Feng Shui no debe estar nunca atiborrado de vegetación. Hace siglos, los chinos decidieron que se podía crear un lugar más relajado y armonioso distribuyendo con cuidado algunas flores, plantas y árboles que se complementasen y dejando

sitio para otros elementos importantes, como estanques, jardines de rocas e, incluso, un pequeño arriate de plantas herbáceas.

5. Aunque a menudo se tenga la impresión de que los chinos prefieren las plantas y las flores exóticas (idea que probablemente surgió de los relatos entusiastas de los primeros visitantes occidentales a la que otrora era una tierra misteriosa y que se describió como «un país de ensueño, lleno de flores coloridas») en realidad, unas cuantas plantas sencillas son las que recomienda el Feng Shui como mejor método para conseguir efectos positivos.

Para un equilibrio armonioso entre vivienda y jardín

Para el Feng Shui aplicado a la jardinería también es importante que se tomen en cuenta los cinco elementos y el yin y el yang. He aquí otros consejos sumamente prácticos para crear un equilibrio armonioso entre la vivienda y el jardín.

1. *SITUACIÓN:* si el jardín está situado en dirección a una calle o carretera o tiene salida hacia las mismas, hay que vallarlo con algún tipo de seto vivo o incluso aislarlo con un muro o verja que refuerce su condición protectora.

2. *CAMINO DE ENTRADA Y SALIDA AL JARDÍN:* hay que considerar cuidadosamente el camino que una la puerta de acceso al jardín desde la calle y el que conduzca a la entrada principal de la vivienda.

3. *CONVIVENCIA ENTRE PERSONAS Y VEHÍCULOS:* es conveniente que los caminos por los que transiten las personas estén separados de los que utilizarán automóviles u otros vehículos. El camino de las personas no puede ser el mismo que el de elementos compuestos por una masa de metales. Los seres humanos deben avanzar hacia la casa por un camino suave y con ligeras curvas y, si la senda atraviesa un pequeño puente que pasa por encima de un caudal de agua, el puente también deberá ser curvado. Si no hay más remedio que vehículos y personas compartan el camino de entrada, entonces se puede crear un camino circular de entrada.

4. *PARA QUE LA ENERGÍA VITAL LLENE LA ENTRADA:* hay que garantizar que en las cercanías de la puerta principal haya un pequeño parterre o un conjunto de macetas o tiestos con flores de color (especialmente rojas) para que el Ch'i que esté circulando por el jardín se sienta particularmente atraído hacia la puerta principal.

5. *UNIÓN ENTRE EL JARDÍN Y LA CASA:* asimismo se recomienda el uso (sobre todo para los jardines que sólo ocupan la parte de atrás de una casa, tal como sucede en muchas viviendas adosadas o pareadas) de muros de ladrillo o pérgolas de madera que conecten directamente la casa con el jardín. El Feng Shui aconseja que el muro o pérgola estén abiertos por un espacio de conexión que simbolizará la diferencia entre el Cielo y la Tierra, lo que a la vez se ajusta al concepto del yin y el yang. En China, a estas paredes ornamentales se las conoce con el nombre de hau chi'ang y las hay con aperturas de formas muy creativas, a través de las que se puede ver el mundo de una determinada manera, o

bien son simples aberturas sin un diseño especial, pero situadas de modo que, a través de ellas, pueda tenerse un panorama deliberadamente escogido. O sea que, si se está en la galería trasera de una vivienda, a través de esa abertura se verá un trozo de jardín especialmente diseñado para ser vislumbrado desde esa posición, y de esa forma se contribuye mejor al bienestar y a la relajación. No obstante, se debe tener cuidado al plantearse este diseño en el jardín ya que, según las circunstancias, puede obtenerse un efecto no deseado; y es que determinadas vistas pueden dispersar la concentración, si el sitio desde el que se mira está destinado para el desarrollo de una tarea creativa.

6. *CONTRASTE DE ESTRUCTURAS:* el primer manual de Feng Shui en el que se hace referencia a la jardinería, sostiene que los más hermosos jardines son producto de los contrastes entre estructuras lisas y rugosas. Por ejemplo, cuando en un mismo jardín se combinan zonas de rocas fijas y otras donde hay un curso de agua que circula suavemente. De ahí que se sostuviera que los mejores jardines eran los que se cultivaban junto a un lago y con vistas a una montaña. Estos conceptos parecen actualmente impracticables en las concentraciones urbanas en las que habitualmente se vive en Occidente, pero se puede intentar reducir la escala para mantener igualmente el equilibrio entre los seres humanos y la naturaleza. Unas piedras o pequeñas rocas pueden semejar una cadena montañosa y no resulta demasiado difícil hacer circular entre ellas un pequeño hilo de agua cuyo recorrido termine en un pequeño estanque. Este planteamiento para un jardín aporta otras satisfacciones, ya que es también propicio para atraer pájaros, que en las épocas más calurosas del año, vengan a beber y a bañarse.

7. *PLANTAS Y FLORES (FRAGANCIAS, COLORES, SIMBOLISMOS):* Otro concepto que debe considerarse es la fragancia que emana de las plantas y las flores. Los maestros de Feng Shui sostienen que, cuanto más perfumada sea una planta, más capacidad tiene de producir armonía en el jardín y de mejorar la existencia de quienes vivan en su entorno. En cambio, los olores desagradables sólo favorecen la energía sha. En el tratado más antiguo de Feng Shui sobre plantas y flores, se dice que las fragancias más favorables son las que emiten madreselvas, lilas, lotos, rosales, jazmines, lirios, claveles y glicinas. El simbolismo de plantas y flores es muy extenso en esta filosofía oriental del equilibrio y la armonía. Por ejemplo, la flor del ciruelo representa la belleza y la juventud, mientras que el bambú simboliza larga vida; el rosal está considerado una planta excepcional y un buen conductor de las energías de la tierra, incluso los pétalos secos de sus flores tienen la virtud de proteger de las energías negativas.

Flores para el Feng Shui

Si cultivas plantas que representan elementos deseables en tu vida, te será más fácil conseguir la armonía con la naturaleza y el flujo del «aliento de vida». En este cuadro encontrarás las flores preferidas del Feng Shui y, sobre todo, las flores que, como la begonia o el viburno, combinan el yin y el yang ofreciendo así una combinación doblemente benéfica.

Flor	**Símbolo**	**Elemento**
Acacia	Estabilidad	ang
Albaricoquero	Provecho	Yin
Aspidistra	Fortaleza	Yang
Aster Chino	Fuego	Yang
Azucena	Abundancia	Yin
Bambú	Juventud	Yang
Begonia		Yin y yang
Buddleia	Abundancia	Yin
Camelia	Perenne	Yang
Cerezo	Provecho	Yang
Ciprés	Nobleza	Yang
Ciruelo	Fertilidad	Yang
Crisantemo	Propósito	Yang
Delfinio	Consolidación	Yang
Enebro	Modestia	Yang
Enredadera de Virginia	Tenacidad	Yang
Eunómino	Modestia	Yin
Forsitia	Vigor	Yang
Gardenia	Fuerza	Yang
Geranio francés	Determinación	Yang
Granado	Fuego	Yin
Hibisco	Abundancia	Yin
Hipérico	Abundancia	Yin
Hortensia	Logro	Yang
Incarvillea	Exuberancia	Yin
Jazmín	Amistad	Yin
Magnolia	Fragancia	Yin
Malva	Individualismo	Yang
Melocotonero	Amistad	Yang

Flor	**Símbolo**	**Elemento**
Nandina	Sagrado	Yin
Narciso	Rejuvenecimiento	Yang
Nenúfar	Fortaleza	Yang
Nomocharis	Tranquilidad	Yin
Orquídea	Resistencia	Yang
Osmanthus	Perenne	Yang
Peonía	Riqueza y longevidad	Yang
Peral	Longevidad	Yin
Pino	Juventud	Yang
Peracantha	Delicadeza	Yang
Prímula	Vigor	Yang
Rodgersia	Belleza	Yin
Rododendro	Abundancia	Yin
Rosal		Yin
Sasfrás	Celestial	Yang
Sauce	Gracia	Yin
Serbal	Logro	Yang
Spiraceas	Matrimonio	Yin
Syringa	Fragancia	Yin
Tuya	Longevidad	Yang
Viburno		Yin y yang
Weigela	Abundancia	Yin
Wisteria	Belleza	Yin

Hibisco

Influencia del Feng Shui sobre la salud

Los criterios del Feng Shui para mantener una buena salud física y emocional se nutren de la necesidad de dotarse de equilibrio y armonía, para fluir acompasadamente con el ritmo del universo. El cuerpo es la máquina viva más importante que existe y a la que debemos prestar mayor atención. Nuestro cuerpo tiene que disfrutar del aire puro para respirar, de alimentos que lo nutran y le den fuerza y energía, no contaminados ni enfermos, y es fundamental también que reciba gran cantidad de agua. Asimismo, para que el cuerpo pueda cumplir sus funciones sin obstáculos, nunca deberá ingerirse nada en exceso.

Aire puro

El aire que se respire debe ser lo más puro y limpio posible. Incluso es conveniente dormir con las ventanas abiertas y, si se habita en una gran ciudad, cuyo ambiente está cargado de elementos nocivos, hay que procurar acercarse, por lo menos una vez a la semana, a zonas menos contaminadas como el mar, el campo o la montaña.

Alimentos frescos y sanos

Los alimentos que se tomen deben ser frescos y evitar por todos los medios las comidas precocinadas, industriales y lo que se ha dado en llamar «comida basura». En la preparación de los platos a partir de alimentos frescos se debe invertir toda la energía positiva de que se dispone, porque es ésta la que, al comer, penetra en el organismo y lo dota de fuerza y alegría vital.

Todas las comidas deben mantener un equilibrio entre sus nutrientes; ésa es la base de una alimentación sana y armoniosa, además de apetecible al paladar.

Agua mineral en abundancia

En cuanto al agua, es vital para el cuerpo, ya que más de la mitad del organismo humano está compuesta de este elemento. Siempre que sea posible, debe preferirse la utilización de aguas minerales tanto para beber como para cocinar, ya que las aguas de manantial sin tratamientos químicos son más puras que el agua potable que circula por las tuberías de las ciudades; y un agua de mayor pureza contribuye a que se realice mejor el proceso de eliminación de residuos y toxinas.

Flexibilidad y capacidad de adaptación

En el mundo actual, en que el modo de vida tiende a ser cada día más agobiante por la acumulación de tensiones y estrés, es fundamental, según la filosofía Feng Shui, tener flexibilidad y una gran capacidad de adaptación, en todos los aspectos: cuerpo, mente y espíritu.

Un cuerpo flexible contribuye a mantener relajadas a las personas; por eso es conveniente practicar algún tipo de ejercicio, evitando que llegue a ser violento, sino todo lo contrario. La realización de movimientos armoniosos con todo el cuerpo durante algunos minutos al día, mejora el funcionamiento del organismo, mantiene el buen tono muscular y la agilidad, y los órganos de los sistemas fundamentales del cuerpo están mejor preparados para afrontar las situaciones críticas o agresiones externas de virus o bacterias. La importancia del concepto de desorden-atasco-limpieza que el Feng Shui propone para el hábitat de los seres humanos en general, es el mismo que aplica con relación al cuerpo y su salud. De modo que lo que se debe garantizar es que el organismo sea capaz de eliminar todo lo que no necesita y los propios residuos y toxinas que genera, ya que su acumulación impide una buena circulación de energía allí donde más se la necesita.

Los cinco elementos y nuestro organismo

Para la medicina china, las vísceras fundamentales del organismo son el corazón, el bazo y el páncreas, los pulmones, los riñones y el hígado. Estos órganos están directamente vinculados con los cinco elementos:

1. *SUELO-TIERRA:* El elemento suelo-tierra ordena las funciones del bazo, del páncreas y del estómago. En los criterios de esta

terapéutica, el bazo es el órgano central, mientras que en la medicina occidental ese lugar de privilegio lo ocupa el corazón. Igualmente, los médicos chinos consideran el bazo, el páncreas y el estómago como centros de almacenamiento y distribución de lo que el organismo recoge o de lo que se nutre.

2. *AGUA:* El agua determina el funcionamiento de los riñones y de la vejiga urinaria. Tiene mucha importancia para el cuerpo, ya que éste está compuesto en un 60 % por este elemento. También se asocia al agua con los genitales y el aparato reproductor.
3. *METAL:* El metal que, entre otras cosas, representa la eliminación de lo innecesario, rige los movimientos de los pulmones, del intestino delgado y del colon.
4. *MADERA ÁRBOL:* La madera-árbol se relaciona con el funcionamiento del hígado y la vesícula biliar, órganos que controlan la resistencia física y la potencia muscular.
5. *FUEGO:* El elemento fuego es el que estimula el funcionamiento del corazón y del intestino delgado.

Del equilibrio entre estos cinco elementos en el interior del organismo, depende el disfrutar de un buen estado de salud, según la medicina de referencia. De acuerdo al método ba-gua del Feng Shui, la aspiración vital de no sufrir inconvenientes, trastornos o dolencias, se expresa en el trigrama Chen identificado con el número 3, de los 64 que incluye el *I Ching* o *Libro de los Cambios*, y éste se corresponde con el elemento árbol-madera. Este trigrama ilustra acerca de la importancia de cultivar la fortaleza física y la salud y de cuidar las relaciones familiares para disponer de la energía suficiente que contribuya a sostener la estructura vital cuando se atraviesan períodos de dificultad en la vida.

Por ejemplo, si algún miembro de una familia ha estado enfermo o aquejado por algún mal de índole psicológica durante un período relativamente prolongado de tiempo, la vivienda y especialmente la habitación donde haya convalecido la persona en cuestión también se verán afectadas. En términos generales, en esas circunstancias, la energía de la casa está más baja o más apagada. Para que no se vean implicados también otros miembros del grupo que conviven con la persona enferma, se debe tener claro en qué zonas de la casa debe reforzarse la energía –según el método ba-gua– y, una vez superada la enfermedad, proceder a una limpieza del espacio, para mejorar el Ch'i general de la vivienda.

Elemento	**Víscera**	**Color**
Fuego	Corazón e intestino delgado	Rojo
Tierra	Estómago, bazo y páncreas	Amarillo
Metal	Pulmones, intestino delgado y colon	Blanco
Madera	Hígado y vesícula biliar	Verde
Agua	Riñones y vejiga urinaria	Negro

Feng shui y sexo

10 pautas para un dormitorio próspero para el amor

El Feng Shui también concede una gran importancia a la vida sexual, ya que la salud en este campo contribuye al buen tono de la energía, en general. Sensualidad y erotismo son dos cuestiones que siempre deben estar vivas en una relación sexual. En este sentido, el Feng Shui otorga una gran importancia al espacio dedicado al dormitorio, ya que éste debe ser un lugar próspero para el amor.

Si se quiere manetener viva una relación de pareja, el Feng Shui ofrece una serie de recomendaciones dirigidas a lograr que la energía yin esté muy presente en esta estancia casi sagrada. Aquí presentamos algunas actuaciones concretas:

1. **Decoración general:** el dormitorio, en general, deberá ser lo más austero posible, evitando un exceso de muebles u objetos. Por eso mismo se evitará que los muebles entorpezcan el libre paso de la energía.
2. **Evitar vigas:** debemos evitar que las vigas crucen por encima de la cama, así como también que las fuentes de luz en el dormitorio apunten con sus bordes o ángulos cortantes en dirección a la cama.
3. **Formas:** debemos evitar las formas rígidas o puntiagudas y, por el contrario, procurar que los muebles del dormitorio tengan siempre formas curvas y redondeadas.
4. **Ubicación de la cama:** Anteriormente hemos tratado ya este aspecto de vital importancia. Ahora simplemente debemos recordar que lo mejor es que la cama esté situada en el lugar

más alejado de la puerta de la habitación; el cabecero deberá estar orientado al norte y debe evitarse que los pies se encuentren orientados directamente a la puerta.

5. **Sensaciones:** es aconsejable poner cojines blandos y mullidos que ofrezcan sensaciones tiernas y acogedoras.
6. **Adornos:** los objetos del dormitorio pueden estar vinculados de un modo u otro con la Tierra y la Luna, las dos energías femeninas más poderosas de la Naturaleza. Además, también podemos utilizar adornos que asociemos con personajes o momentos románticos que nos recuerden la armonía y la relajación.
7. **Aparatos eléctricos:** debemos evitar que en el dormitorio haya aparatos eléctricos o de sonido (cadena de música, ordenador, etc.) y ubicaremos éstos en otra habitación de la casa.
8. **Estampados:** si se utilizan estampados en cortinas o edredones, procuraremos que tengan motivos florales.
9. **Activar las energías del amor:** El símbolo del amor y de la pasión es la peonía roja, una flor que debe estar presente en el dormitorio durante los primeros años de vida conyugal.
10. **Colores:** un elemento clave para el Feng Shui y la vida sexual es el papel fundamental que desempeña el color a fin de armonizar estas relaciones:

    NARANJA: Al naranja se le considera el tono más estimulante para la vida sexual. El experto en Feng Shui Bernd Nossak sostiene que si se intensifica la presencia del naranja durante largo tiempo, por ejemplo poniendo sobre la cama una colcha de este color, puede incidir en la capacidad de producir y aumentar la cantidad de orgasmos. Se le considera un color caprichoso, revitalizante y que afecta positivamente a los centros eróticos.

    SALMÓN: Los salmón actúan de forma similar al naranja.

ROJO: El rojo, también relacionado tradicionalmente con la sensualidad, es el color de la pasión y el poder. B. Nossak afirma que este color estimula el flujo de la sangre y a toda la gama del rojo se la asocia con la vida amorosa, desde el burdeos hasta el rosa suave. Este último no sólo es el color más romántico para un dormitorio, sino que también presenta una naturaleza que se encarga de que las intenciones sexuales que en un primer momento puedan tener como objetivo solamente la satisfacción erótica instintiva, puedan convertirse en amor incondicional.

Cinco consejos finales

En síntesis, el Feng Shui es el arte de la ubicación de todo cuanto coexiste en el universo. Procurar vivir en equilibrio y armonía con el conjunto de las fuerzas y elementos de los que éste se compone, es el único camino hacia el bienestar físico y espiritual que tenemos.

El conocimiento de la relación entre las fuerzas del Cielo, el ser humano y la Tierra, que la antiquísima filosofía Feng Shui lleva estudiando desde hace miles de años, nos enseña a armonizar nuestros propios elementos y la energía que fluye desde nuestro interior con todo aquello que nos rodea.

A fin de proporcionar una orientación básica, los breves consejos que se proporcionan a continuación pueden resultar claves:

1. Si lo que se necesita es un cambio profundo o se experimenta un importante malestar, es preferible consultar a un experto en Feng Shui o estudiar esta filosofía en profundidad antes de aplicarla.

2. Hay que tomarse el tiempo necesario para saber qué es lo que se desea para la propia vida y luego actuar en consecuencia. Si se comparte espacio con otras personas, éstas deben ser consultadas e incluidas en los cambios.
3. Cuando se proceda a hacer el despeje del espacio que recomienda el Feng Shui, hay que estar física y emocionalmente en forma y disponer de las máximas dosis de concentración y sensibilidad.
4. El trabajo Feng Shui debe realizarse en soledad o en compañía de personas que lo comprendan, sin ruidos de fondo o música que pueda distraer nuestros propósitos.
5. Una vez trazado el mapa ba-gua de la vivienda o el lugar de trabajo que se quiera tratar de acuerdo al método Feng Shui, debe localizarse el punto de energía personal apropiado y situar en el mismo el equipo que servirá para despejar el espacio.

Índice